姐姐的麻辣忠告

献给明知要改变
却总想逃避的女人

[韩] 金美敬 ◎著 阿 翻 ◎译

廣東省出版集團
广东人民出版社
·广州·

图书在版编目（CIP）数据

姐姐的麻辣忠告 /（韩）金美敬著；阿翻译 . — 广州：广东人民出版社，2012.8

ISBN 978-7-218-07814-4

Ⅰ. ①姐… Ⅱ. ①金… ②阿… Ⅲ. ①女性－成功心理－青年读物 Ⅳ. ①B848.4-49

中国版本图书馆 CIP 数据核字 (2012) 第 129863 号

Jiejie de mala zhonggao

姐姐的麻辣忠告

[韩] 金美敬 ◎著　　阿　翻 ◎译

出 版 人：金炳亮

策　　划：中资海派
执行策划：黄　河　桂　林
责任编辑：肖风华　梁　茵
特约编辑：赖利芬　戴圆圆
版式设计：张　英
封面设计：安宁书装

出版发行：广东人民出版社
地　　址：广州市大沙头四马路 10 号（邮政编码：510102）
电　　话：(020) 83798714（总编室）
传　　真：(020) 83780199
网　　址：http://www.gdpph.com
印　　刷：深圳市华信图文印务有限公司
书　　号：ISBN 978-7-218-07814-4
开　　本：787mm × 1092mm　1/16
印　　张：13　　**字　　数**：139 千字
版　　次：2012 年 8 月第 1 版　　2012 年 8 月第 1 次印刷
定　　价：29.80 元

如发现印装质量问题，影响阅读，请与出版社（020-83795749）联系调换。
售书热线：(020) 83790604　83791487　**邮　购**：(020) 83781421

亲爱的中国读者：

祝大家梦想成真！

我爱你们！

金美敬

2012.1

读者评论

cherrypunch

《姐姐的麻辣忠告》让我抛掉30岁的烦恼，给了我好好过下去的力量。累了，看看《姐姐的麻辣忠告》，又有了奔跑的力量。我希望自己到40岁时也能够给30岁的妹妹们痛快淋漓的忠告。

sooart00

《姐姐的麻辣忠告》真的很“毒”。

在读的过程中，这些文字让我感到惶恐，让我如坐针毡，但也让我警醒。就好像谁在我耳边唠叨的感觉。但这不是恶意的唠叨，而是像姐姐一样的，因为真正担心我而发出的唠叨。作者真的就像把我们读者当成是自己的家人一样，饱含心血。

书虫

《姐姐的麻辣忠告》买回来后，我一口气就把它看完了。

金美敬老师通过自己有声有色的生活体验，把20~30岁年轻女性的矛盾心情以及对社会的适应能力等一些问题全部罗列出来。看了真有醍醐灌顶的感觉。

likeship

对于励志类型的书籍，能够用于实践才是好书。看完《姐姐的麻辣忠告》后，我记住内容，并把书放在书架上，感到劳累或想放弃的时候时不时再看看书的封面，顿时内心又充满了力量。

myung1765

这本书真的能让我在人前自信百倍地说话吗?

我希望过那样的生活，并且从现在起为之努力。

从现在起跟着这本书努力练习和实践，没有练习什么事都不可能做成，不是吗?

minjk450

因为想在事业上做出一番成就，所以一直没有考虑结婚。

结了婚，生了孩子，时间就会大大减少，但我还是想两者兼顾。光想想就像痴人说梦。但《姐姐的麻辣忠告》就是对已婚而且育儿的职场女性的指导，看了书中的方法，我反而觉得即使结婚也照样可以两手抓。

跟着姐姐走，还怕没方法吗?

自测题

你是哪种职场御姐？

每个职场女人的心里都住着一个气场强大的职场御姐，你是哪种职场御姐呢？快来做做下面的测试吧。

1. 会为了加班而错过约会吗？

会 —— 去第 2 题

不会 —— 去第 3 题

2. 会不会反驳上司的意见？

有时候会 —— 去第 4 题

一般不会 —— 去第 5 题

3. 对于化妆的态度，你仍然认为自然最美吗？

是的 —— 去第 4 题

不是 —— 去第 6 题

4. 你觉得工资的高低只是一个数字，能力是最重要的东西吗？

是的 —— 去第 5 题

不是 —— 去第 7 题

5. 更喜哪种付款方式？

刷卡——去第6题

付现金——去第7题

6. 认为家庭与事业哪个重要？

家庭——去第8题

事业——去第9题

7. 倘若去相亲，你会努力透过他的外表看其内涵吗？

不会，内涵这种东西有时候很难表现——去第9题

会，自己有这个能力看透对方——去第8题

8. 如果边工作边充电，某天不想去学习了，你会给自己休息的借口吗？

会，休息一下不会怎么样——去第11题

不会，有了一次就有第二次——去第10题

9. 即使再辛苦再没时间，也会抽空关心一下父母吗？

会的——去第12题

不会——去第11题

10. 你会理财吗？

会——A

不会——去第12题

11. 工作压力大的时候，你如何解压？

逛街购物——去第13题

美食解压——E

谈恋爱——D

12. 对待职场新人，你更容易展现出哪种态度？

耐心指导 ——B

爱理不理 —— 去第 14 题

13. 喝醉酒后，也会注意自己的形象吗？

会，下意识地 ——D

不会，喝醉了是不可能会注意的 —— 去第 16 题

14. 你认为自己的性格更适合台前还是幕后？

台前 —— 去第 15 题

幕后 ——C

15. 面对后辈的崛起，你会有强烈的危机感吗？

会有，所以更要加倍努力 ——E

不会，多混的几年不是白混的 ——A

16. 在家中更喜欢养植物还是动物？

植物 ——C

小动物 ——B

A. 自信而最美的御姐

在职场上，你是一个很自信的人，不人云亦云，不会轻易被别人改变自己对事物的看法，而这一些自信都源自于你的实力。你是一个不会轻易让自己松懈的人，即使再辛苦也不愿意轻易放低自己的一点儿要求。自信而最美的你在别人的眼中是聪明干练的，不拖泥带水的，这是你的行事作风，也是你的原则。对待后辈，你虽然会言传身教，但并不会去做他们的贴心人，反而是会采用严肃的态度让他们收获成长。别人虽然只能与你保持一定距离，但是聪明的你，往往在团队中会是一个核心。

B. 温柔善良型御姐

在动漫中，御姐的职责是要用言语与行动，教会一干正太与萝莉成长。在职场上混迹多年或者哪怕初涉职场的你，也一定会早早地努力让自己脱离青涩与幼稚，变得成熟起来。当面对职场新鲜人，你对他们初入职场的种种不安与强烈的求知欲，都相当地富有耐心，没有架子，只要是自己会的，一定会毫不保留地悉数说出，哪怕他们犯错，你也不会太苛责。

相对于一些不愿意放下身段教会后辈的如女王殿下般的前辈，你的温柔善良还有宽容，是职场后辈们尊敬与向往的。你对他们的帮助，他们也一定会记在心里，常常感恩。

C. 知性范儿的御姐

在职场上，你不是那种容易动怒，给人下马威，让人俯首称臣的人，可是相对于温柔善解人意的邻家大姐姐形象，你走的又是另一种知性气质风。因为你内心的平和与干净，往往让别人给你以欣赏态度，虽然平时你不太擅长与别人打嘴仗，在工作中也不喜欢当只出头鸟，相对而言更乐意甘居幕后。但是在团队中，你却是不可或缺的那一个，因为你往往是不鸣则已，一鸣惊人。

你的那种恬静淡然的态度，拥有的知性御姐范儿，仿佛是一个世外高人，让人无法忽视你的存在，也让人十分喜欢与你沟通，因为你的眼光与谈吐，总是让人觉得可以尝到很多为人处世的道理。

D. 女人味儿十足的御姐

并非打拼在职场上的女人都是男人婆，她们虽然在工作中可以当男人使唤，但在她们的意念中，驰骋在职场的女侠，其实也完完全全可以将自己打造成为富有十足女人味的精英。你便是如此，并不认为忙于工作就不能拥有美丽。

你的原则中，即使回家以后再累，也一定会洗个香喷喷的热水浴；睡之前也还要敷个面膜；早上不管如何贪睡，也一定会在出门时仔细地化好妆，用美好的妆容迎接一天的挑战；更不用提服装的搭配，新一季流行什么包包……因此，你的这种御姐魅力常常通杀男女老少，在你的理念中，拥有美丽的外表，工作也格外有精神。

E. 双面型御姐

这种类型的人在职场与个人生活中，往往会显得有点儿两面性。对待工作的态度，你是认真负责、一丝不苟，甚至显得有些呆板的，可是一旦离开那个充满紧张气息与硝烟味儿的战场，你又马上会投入到自己舒服的私下生活中。

在个人生活中，你是慵懒闲散的，在别人看来，你甚至有些懈怠。但是对于你来说，工作的压力在职场上已经把自己逼得够难受了，回到了家中，当然要采取自己最喜欢的生活方式来适当解压。因此你的御姐懒散范儿，会更容易在生活中显示出来。天生人缘好的你，恐怕也是许多工作伙伴乐意亲近的对象，因为跟生活中的你聊天，毫无压力。

目录

Dream 梦想篇

Work 1 工作篇

序　言

给最疼爱的妹妹：想放弃的时候来找姐姐

所有当姐姐的都很清楚自己的妹妹。虽然有时她们真的很讨厌，但内心深处还是对她们疼爱有加。如果可以的话，甚至恨不得能替她们难过，替她们挨骂。我想姐姐一定是上帝赐给妹妹的礼物，帮助她们一起解决妈妈无法解决的人生问题。

我有无数的妹妹，在我 19 年讲师生涯中遇到的二三十岁的女人们，她们都是我的妹妹。虽然见面时我的身份是“讲师”，但分开后我却总能成为她们的“姐姐”。每当谈及在职场上遭遇的偏见与受到的委屈，谈及作为全职妈妈的悲欢与挫折时，我们总是一起抱头痛哭。虽然相见的时间很短暂，但交流过程中产生的共鸣却让我们有一种相见恨晚的感觉。如果我有幸成为你的姐姐，那么你将成为这世界上最特别的妹妹。

当全世界都要依靠你时

年过 30 的你是否过得很辛苦？是的，一定是的。因为你被骗了，在你的成长过程中，这个世界不停地告诉你，机会是平等的，无论是性别歧视还是其他困难，只要努力就能战胜一切。

但我们这一代人没有被骗。他们会当着我们的面说："因为你是女生，所以不能当班长；因为你是女人，所以就应该待在家里洗衣做饭。"然而如今的世界似乎变了，它一边告诉你只要努力一切皆有可能，一边督促你不断向前。现今社会没有工作的女生会被当作"失败者"来看待。

可当你真正步入职场时，你就会发现，现实并非如此单纯。你的上司和公司高层大部分都是男人。在他们脑海中，根本就不存在提拔和培养女职员的概念。女职员依然势单力薄，那些手握大权的男人们想法与20年前并无差异，你开始怀疑这个世界究竟改变了什么。男人们依然称兄道弟，下班后忙于应酬，女职员却永远被排除在外。

他们说女人出来工作导致生育率下降，可当你真的怀孕时，又会被当做千古罪人来对待。这就是所谓的现实。在这样的现实下，40岁之后社会还有你的立足之地吗？恐怕只能在不安中逐渐变成一台工作的机器。说什么工作的女人最美丽？美在哪里？连上美容院的时间都没有，更不要说自我提高了，这样的30岁能算得上美丽吗？

很多人由于在这个时候产生了挫败感，开始寻觅安身之处，选择结婚。但你要知道，结婚带来的幸福在蜜月旅行后就结束了。从你第一次到公婆家拜访起，你的噩梦就开始了。虽然他们嘴上说喜欢有工作的媳妇，但家里又能比社会好到哪里去呢？即使你在公司是人人羡慕的主任，到了节日还不是要到公婆家洗堆积如山的碗盘？有了孩子之后，每天都要送孩子去幼儿园，累得气喘吁吁才得以脱身。孩子吵着要妈妈，所以每次公司聚餐都要看人眼色找机会脱身。如果因为工作太忙不能给孩子准备热饭菜，丈夫就会说："你这也算妈妈吗？"如果因为照顾孩子而耽误了工作，公司领导又会说："你这也算主任吗？"家里家外各挨一棒，生活一下子就没了滋味。

你每天都要一个人孤军奋战，对抗工作和家庭之间的种种矛盾。

于是夜深人静的时候，你就会想，到底还要失去多少东西，才能够得到自己想要的未来？

这时另一个自己就会跑出来把你臭骂一顿："天天听人闲话也撑了那么久了，现在为这么点挫折就要放弃吗？"

也许10年前的你还有很多人可以依靠，在疲惫的时候你还可以找公司前辈、男友、妈妈诉苦。但现在似乎一下子反过来了，全世界都要依靠你。公司后辈、丈夫、孩子、婆家亲戚……背负如此沉重的包袱，你的人生脚步又如何能走稳呢？你只能一瘸一拐地继续前行，这就是你的30岁。

女人一生中最为悲哀的年纪大概就是30岁。因为处境悲惨，你可能会萌生放弃的念头。现实生活中，很多人都因为不堪重负而进入了人生后半段的彷徨期。有人突然辞职，有人突然离开，逃去菲律宾或者澳大利亚。有人毫无计划地开始读研究生……没结婚的人盲目尝试一些改变，结了婚的人就只能哭着跑回娘家了。

不逃避！不妥协！不放弃！

每当看到你这个样子，我心里都会涌出两股热流令我无法平静。第一，我为这个将情同手足的你逼至绝境的世界感到愤怒。第二，我为只知道像个傻瓜一样逃避现实的你感到痛心。

为什么要让宝贵的人生和梦想屈服于微不足道的现实？

为什么你看不到自己内心蓄积的力量？

为什么在如火般炙热的30岁要一再地向现实妥协？

你一定也会有握紧拳头想要反击的时候，一定也会有想要踩烂高跟鞋的时候！当你找不到答案蜷缩在角落时，总有一天你会发现很多烦恼都消失了。面对困境，你应该学会调整自己，时而停顿、时而抗争、时而默默承受。这些或美好或辛苦的时光，会如同指纹一般在你30岁的生命中留下印记。

斗争的时候不退缩，培养能力与等待时机的时候懂得微笑静候。熬过竞争激烈的20岁、30岁，你其实已经得到了应有的回报。你已经翻过最后一个山脊，山顶就在眼前。也许你还看不清楚山顶的样子，不过别怕，有姐姐在。我比你们早10年经历了这些苦难与斗争，早10年战胜了这一切。我出生在曾坪这样的小地方，受尽别人的差别对待与漠视。带着三个孩子与所谓的千年妇道美德斗争至今，由于我从不轻言放弃，最终得以实现了自己的梦想。

其过程中难以言喻的艰辛我比谁都清楚，所以我实在不愿看到你经历与我一样的眼泪和痛苦。因为你是我最疼爱的妹妹。我希望可以帮助你，哪怕只是将你的痛苦减半。我写这本书正是出于这个目的。我会想象此刻正与你促膝而坐，轻轻拍着你的后背与你对话。偶尔说到激动时也许会言辞激烈，请你谅解。我只是希望，当你想要放弃的时候，那些曾经鞭策我、让我重整旗鼓的忠告也能帮助你重拾信心。我希望可以用过来人的经验敲开你的心房，帮助你找到人生的方向。想要放弃的时候就来找姐姐吧。为了这世上独一无二的你，我会一直守候在这里。

梦想篇

Dream

女人30，快从20岁的童话中醒来

当职场新人冲你喊某某姐，当细纹悄悄爬上眼角……

你开始慌张地意识到30岁的到来。30岁的女人应该过怎样的生活？

是化精致妆容、住自有高档住宅区？还是租廉价房、银行没存款？

如果30岁还什么都没有，人生是否没希望了？不要焦虑，一切才刚刚开始。

你知道30岁的女人最大的问题是什么吗？不过工作了五六年，就自以为是了不起的职业女性。她们的确比同龄的男人更早进入职场（韩国是义务兵制度，男人若无特殊情况都要服兵役——编者注），经验更丰富，职位也更高。很多女人35岁左右时就已是公司元老级人物了。所以她们很容易误以为，自己理应在35岁时就达到男人45岁才能达到的事业高度。

无数剧情烂俗的电视剧又造成“幻觉”：剧中出现的30岁职场女性无一例外地住在奢华的公寓里，上班身穿精致正装，用一口流利的英语陈述公司企划案。周末到首尔江南的富人区优雅地吃早午餐，出门开进口车，还有英俊男友相伴……这些剧情都让她们误以为，女人到30岁时就应该过上这样的生活。

但现实并非如此，很多女人工作八九年也交不起全租房的保证金，只能靠月租房度日（在韩国租房分两种，一种是交上亿韩元的保证金，但无需缴纳月租，租约期满后保证金全部退还；另一种是无需缴纳保证金，但需要承担月租。——译者注），有的甚至还需要依靠父母生活。皮肤变得越来越粗糙，也没有男朋友。偶尔出去相亲，无奈相亲男总是水准平平，难以入眼。连公司女后辈都说着一口流利的英语，这又给自己造成了无形的压力。本职工作还算上手，但每天重复相同的内容难免会让人生厌，于是你开始怀疑这份工作是否适合自己。电视剧中主人公光鲜华丽的生活难免会给现实中平凡的自己造成巨大落差，让她们深陷痛苦无法自拔。

其实我跟你们一样，从20岁到30岁的10年间，我一直在工作却感觉自己一无所有。30岁时我住在北加佐洞住宅区一间14坪（约46平方米。1坪约3.3平方米。书中所有面积单位均已换算为“平方米”。——译者注）的阁楼里。夏天，整间房子都笼罩在热气中，感觉随时可能会中暑晕倒。晚上，我只能在地上铺一条小浴巾，盖着薄被睡觉。

我的30岁跟大部分女人的30岁没有区别——没有存款，没有体面的工作。零零碎碎地做培训，但连我自己都不敢确定，花钱请我来讲课是否值得。我无时无刻不在思考何时才能出人头地。

但35岁时我突然意识到，20岁到30岁这10年间，我在无意中积累了很多工作经验和优势。我发现自己慢慢学会了如何看人，学会了如何理财。当无数可以证明自己能力的数据开始累加时，我发现自己在慢慢改变。我开始懂得珍惜时间，我开始思考为了成功我该做些什么。

“8岁我要梳爱司头，10岁我要穿高跟鞋，16岁我可以吃粽子、汤圆，吃一切难以消化的东西！”张爱玲5岁时如是梦想。摇摆在30岁的你，梦想又是什么？——是梦想，而非幻想。

我认为女人从35岁开始，还需要经历10年的成熟期，之后才会变得富有，变得有名。因此女人一生最光彩夺目的时候应该是45岁到55岁。

我们到底怎么了

妈妈们常说，女人一辈子靠的就是一句话，“干得好不如嫁得好”。没错，男人的职业生涯几乎如出一辙：从部队退役后29岁左右进入职场，一般33岁升为代理，38岁升为主任，大家都是按部就班地升职。

而女人的情况则不尽相同。在校成绩好的女生工作后，一般35岁就可以升为主任，这是发展得相当好的情况，比同龄男性快多了。成绩一般、相貌平平的女生也许没那么顺利，但她们却可能突然有一天嫁入豪门，以贵妇的身份出现在你面前。相比之下，你的30岁就显得格外凄惨。有人找到好男人，人生柳暗花明，而你在这个年纪还靠微薄的工资度日——早知道就该找个贵公子嫁了，现在悔得肠子都青了。

更让你气愤的还是那些家境优越的女人，刚从国外留学回来就当上了某知名品牌的设计师。而自己却是一个“反义词”：出身一般，只能待在一个小出版社，每天穿着邋遢的衣服，对着电脑一坐就是一整天……突然觉得自己的人生无比凄凉。

如果又没男朋友的话就更让人抓狂了。一来没有合适的恋爱对象，再者即使结了婚也不见得就能够麻雀变凤凰。这时再看看身边那些嫁得好或出身好的女生，她们都过着光鲜亮丽的生活，真是气不打一处来。

我的公司里就有很多这样的30岁女人，她们经常这样对我说：

“我都35岁了，还没有自己的房子。”

你疯了吧？一个女人，月薪1万（书中所有金额均已换算为人民币。——译者注)，才工作了7年，这怎么可能买得起房子？如果你不是炒房一族，买不起房子很正常。

“可我朋友就有房子。”

“可她的房子是谁赚钱买的？是她自己赚钱买的吗？”

“不是，是她老公买的。”

“就是说嘛，她是靠老公买的，要不你也找人给你买好了。”

“没有合适的人，怎么办？”

“那就去找啊！”

“那不是太没志气啦？”

请问你这样的处境是谁一手造成的呢？是你自己啊。在我看来你的现状再正常不过了。我认为女人35岁买不起房子是常态。

女人就是要靠自己，就算没有显赫的背景、惊人的外貌，你也完全可以凭借自己的才智成功。

让我们来算一笔账，假设你的年薪是15万，1年攒5万，7年就是35万，怎么买得起房子——这不是显而易见的吗？况且还有一些开销是不可避免的：弟弟从部队回来送他一套西服，尽孝道送父母去海外旅行……这些都是不小的开支，而且你自己也有很多开销，要买衣服买鞋子。这样算下来你的存款还能剩多少，恐怕连15万都没有吧。仅凭这点存款你怎么可能买得起房子，清醒一点吧。

事实上，这也并非只是你一个人的情况，大部分人都这样，这是社会的常态。为什么人们总想否定自己的生活，不肯面对现实呢？因为别人看起来总是过得那么好。

每当想到朋友们都在外企上班，过着光鲜亮丽的生活，而自己的生活却平淡无奇，气就不打一处来。更可气的是，这些人偏偏还喜欢隔三岔五地聚在一起，“哭诉”自己的“悲惨生活”。不仅白天互发短信诉苦，到了晚上还一起喝酒，再次确认自己过着“悲惨生活”。一群人听着《30好儿》，大叹自己的悲哀人生，“我们几个到底是怎么了……”

今后10年你要如何努力

太闲的人总能把自己的生活弄得乱七八糟。50多岁的阿姨们就是典型的例子。丈夫上班了，儿子去部队了，女儿留学了，剩下自己整天闲来无事，于是干脆窝在沙发上看电视，然后一边看一边埋怨。

“我的生活怎么会变成这样：身体越来越差，脸上皱纹越来越多，还总是长肉。哎呀，这一身赘肉怎么办啊。”

但她们只会摸着自己的小肚子继续这种糟糕的生活，不会尝试任何改变。而且还会因为日渐凸显的小肚子，愈发减少外出的次数。

30岁的你又是怎样的呢？周末好不容易放个假，是否也是一整天泡在电视剧里，一边看一边埋怨呢？

朋友们都嫁了好男人变成小富婆，我却还住着月租房。什么时候才能离开这里啊。以前腰围24，现在都涨到30了。工作那么久，只知道长肉。要不干脆出去旅行得了？可是没有钱。那帮臭丫头现在不知道都跟男朋友们在哪里开心呢……

于是30岁的你也一边摸着自己的小肚子，一边打消了外出的念头。却没意识到，你正在毁掉自己的生活，其方法跟50岁的阿姨如出一辙。

30岁女人最容易犯的错误，就是看到别人比自己过得好就自暴自弃。她们不愿正视自己踏踏实实的工作，以及辛辛苦苦赚来的工资，一味期望不劳而获得到更好的东西。也正是出于这个原因，30岁的女人才会那么迷恋电视剧。她们想象电视剧中的烂俗情节有一天也会发生在她们身上——被一个富家子弟看中，生活从此发生翻天覆地的变化。

然而，世上任何一部电视剧都不及自己的人生剧有价值、有意义。可是人们通常不会选择自己拍摄一部精彩的电视剧，而是希望成为别人精彩剧集的主角。

我有个朋友嫁给一个有钱人，刚结婚就住进了160平方米的大房子。结婚时婆婆给了她50万元的礼金，相当于她在黄金地段的大房子是白拿的。而我却嫁了一个家境一般的男人，一开始我们住在一间3万元押金的月租房，后来在一个小住宅区租下一套全租房。你说，我和她究竟谁更值得鼓励呢？肯定是我吧，因为我是靠自己的能力住进全租房的。

"走着瞧，等我50岁时一定比你更有钱。"

我总在心里这样对自己说。不要管别人是怎么买下房子的，我只在意自己努力得来的东西。如果你也这么想，就不会在看到别人生活富足的时候自哀自怜了。别总是流着口水羡慕他人买得起房子。别丢人了！给自己留点面子吧。

好，现在请跟我一起念——

"现在的我才是正常的！"

拜托你赶紧丢掉30岁一定要大有作为的想法。你才努力了几年？才赚了几年的钱？30岁买房可能吗？你还差得远呢！

为什么总要惦记着没熟的米饭，还时不时地开锅看看？

为什么要埋怨米饭还是生的？

为什么不把锅盖盖上，耐心等着，多焖一会儿？

为什么不趁这个时间好好想一想你的优势在哪里，今后的10年你要如何努力？

现在，请再跟我念一遍——

"现在的我才是正常的！"

姐姐有话说

女人从35岁开始，还需要经历10年的成熟期，之后才会变得富有，变得有名。因此女人一生最光彩夺目的时候应该是45岁到55岁。

30岁女人最容易犯的错误，就是看到别人比自己过得好就自暴自弃。她们不愿正视自己踏踏实实的工作，以及辛辛苦苦赚来的工资，一味期望不劳而获得到更好的东西。也正是出于这个原因，30岁的女人才会那么迷恋电视剧。

然而，世上任何一部电视剧都不及自己的人生剧有价值、有意义。可是人们通常不会选择自己拍摄一部精彩的电视剧，而是希望成为别人精彩剧集的主角。

拜托你赶紧丢掉30岁一定要大有作为的想法。你才努力了几年？才赚了几年的钱？30岁买房可能吗？

你还差得远呢！

如果只是做梦，梦想如何成真

20 岁时你是否曾幻想有自己的房子、车子，随时和相爱的人去旅游？

或者开一家小咖啡店或书屋，悠闲地过日子？

如果 20 岁的梦想还停留在云端，30 岁的你就要把它扯到地面来实现。

梦想是梦与想的结晶：梦是一种欲望，想是一种行动。

“你的梦想是什么？”

小时候我们都被问过这个问题。近年来最热门的回答是“艺人”，其次是“科学家”“总统夫人”“总统”“播音员”……回答总是五花八门。孩子们的梦想大多只是单纯地做梦而已，他们并不是真的想要实现它。

如果换作成年人来回答这个问题，他们绝不会在毫不考虑自身条件的情况下，说自己想当“超模”；也不会在没有幽默细胞的情况下，说自己要当“笑星”。因为成年人的梦想是他们今后要走的路，是生活所指的方向。

不懂事的孩子可以说自己的梦想是当“总统”。因为在他们看来，“总统”是至高无上的。但身为成年人的你却不可能再回到天真的孩童时期，现在的你有许多责任与担当。梦想也是如此。你的梦想应该为你的人生负责，而且你还应该拥有实现梦想的能力和财力。换句话说，如果你只是做梦而已，那么它永远无法成为现实。

“你今后的梦想是什么？”

讲课时我也时常这样问学员，但一半以上的人都答不上来。他们根本不曾想过这个问题。为什么？因为他们没有认真问过自己。

如果一个人想知道自己的梦想是什么，就要不断地与自己沟通和对话。这是任何人都无法替代的，即便是父母。但很多人都不曾深刻地思考过这个问题，甚至都不曾郑重地问过自己10年以后想成为什么样的人，却反而对“今天想吃点什么”这样的问题念念不忘。

如果你不断与自己沟通和对话，你就会知道自己真正想要的是什么，梦想是什么。已经圆寂的法顶禅师（韩国国民灵魂导师，亦被尊称为“韩国梭罗”——编者注）对人生哲理与佛法都颇有研究，生前向他请教人生问题的人总是络绎不绝。大师通常都喜欢这样回答那些寻求答案的人们：

“这些问题不要来问我，为什么要来问我呢？不是你们不知道答案，而是你们明知道该怎么做却不去做，不是吗？”

我想任何大道理或大学问都不如这句话让人醍醐灌顶。

人们通常不愿意与自己交谈，所以都不知道自己到底想要什么。其实在这个世界上，人们最搞不懂的人是自己，最害怕的人也是自己。正因如此，人们总希望能有人替自己寻找未来。

每到元旦就会有人去找算命先生或神婆，递上一两百块钱，然后一边磕头一边问：

“我还要继续跟现在的男友交往吗？”

“今年我还要继续待在这家公司吗？”

……

这些事情你不问自己，问算命先生有什么用？算命先生又没见过你的男友，怎么知道你们应不应该继续交往。他连你公司的大门都没踏进过，又怎么知道你该不该继续在那里工作。

如果你连自己交往了那么久的男友和工作了那么多年的公司都无法看清，又如何能描绘10年后的自己呢？真是懦弱的人。因为懦弱所以总想要依靠他人，并借此得到安慰。如果算命先生说你应该继续留在这家公司，难道你真的会按照他的话去做吗？

但真有人会这么做，且年年如此。聪明人是绝不会做这种傻事的，他们会听从自己内心的声音，做出正确的选择。不是有首歌叫做《人生自己主宰》吗？你长这么大，你的人生从来都是自己决定的，而不是别人替你决定。所以遇到问题时，你最该问的人是自己，而不是算命先生。是不是应该和现任男友分手，是不是应该继续留在这家公司，你应该自己选择。

虽然行动不一定能带来令人满意的结果，但不采取行动就绝无满意的结果可言——你需要的不只是梦想，你还要付出切切实实的努力。

与自己对话，问问自己，以最后得出的那个答案作为自己以后行动的目标基础，这才是有梦之人该有的姿态。同样的道理，关于梦想，问问自己，找出答案。

你是否拥有做梦的资本

在我看来梦想可以分为两种：“基于欲望的梦想”和“基于分析的梦想”。当你问小孩子他们的梦想是什么时，他们通常会回答：

“我长大了要当总统。”

这是典型的基于欲望的梦想。就像当你问一个成年人“以后你想成为什么样的人”时，他回答：

“成为有钱人。”

这种完全脱离自身条件的回答，也是“基于欲望的梦想”，这种梦想实现的可能性很小。真正的梦想应该通过系统的分析得出。而所谓“基于分析的梦想”，也就是“基于数据的梦想”。换句话说，它是通过对自己拥有的能力数据进行分析观察从而得出的梦想。你的能力数据会告诉你，你真实的梦想是什么。而且通过能力数据得出的梦想也最符合你的个人意愿。

而那些没有能力数据的人由于没有数据可以分析，就只能拥有“基于欲望的梦想”。假如一个人说自己的梦想是“成为有钱人”，这个梦想能否成为现实，取决于它是因欲望而生的幻想，还是经过具体分析而得出的愿景。如果是因欲望而生，那他就只能继续做梦，恐怕连有钱人的边都沾不上。但如果他的梦想是通过分析得出的，就说明他已经拥有做梦的资本，而这个梦想是有可能实现的。

举个例子，一个人从小就喜欢存钱，即使是 5 角钱也不乱花。等到他 29 岁时，他的朋友就会说：“哎呀，你是我们当中最有钱的。”这就是他所拥有的能力数据。我们应该做有根据的梦。当别人连 5 万元都存不起来的时候，他的存款可能已经达到 50 万。而正是在这 50 万存款的基础上，他才能够得出明年的存款预算，甚至于计划10年后买一套不错的公寓和一辆好车。有了这些数据，他就可以拥有更多更具体的梦想。这就是“基于分析的梦想”。

放弃不着边际的幻想，行动起来

当你拥有了“基于分析的梦想”时，你就已经了成功一半。这些能力数据会将你的梦想带到离你更近的地方，并最终把它推到你的面前。至于剩下的一半，只要你肯努力就一定可以梦想成真。这是“基于分析的梦想”最大的优点。

假如一个人的梦想是把英语说得像母语一样流利。如果这是一个“基于分析的梦想”，他就需要每天花两三个小时学习英语，并至少坚持了一年，或者在下定决心后立即付诸行动。他每一天的努力都是实现梦想的证据，也就是梦想的能力数据。

但如果这是一个“基于欲望的梦想”。那么即使他报名参加了英语辅导班，恐怕也不会去上课，或者最多一个月去三次。对这种人而言，说一口流利的英语只能是永远的奢望。但可悲的是，绝大部分人仍旧抱着“因欲望而生的梦想”过活。

我姐姐一直说想开一家卖三明治的小店，为姐夫以后的退休生活做准备。但一直都只是嘴上说说，没有实际行动，那就没有能力数据可言。

有一天我问她，“姐，如果你想开三明治店，难道不是该准备点什么吗？”只有积累数据才能让梦想成真啊。不久，她突然打电话来，问我知不知道哪里有好一点的三明治厨艺班。我对三明治毫不关心，怎么会知道呢？我回答说不知道，于是她说自己再打听看看。

随后她花了大约一个月的时间，找到了一家三明治味道非常棒的小店。在那里她学会了制作三明治和煮咖啡。现在她的手艺已经非常棒了，做的三明治也非常好吃，跟自己在家里做的完全不是一个水准。在这过程中，她还学会了接待顾客和经营店铺的方法。现在，她已经累积了足够多的数据，准备自己开店经营了。这也属于“基于分析的梦想”。不要做一些不着边际的梦，应该按照自身的能力确定目标。于是又会有人问我：

“如果我没有能力数据，难道我就不能有梦想了吗？”

不是的。如果你有梦想，哪怕现在看来遥不可及，也请你立刻行动起来。这样你每一天的努力都会成为你梦想的数据。当这样的数据积累到一定程度时，原本“基于欲望的梦想”终有一天会变成“基于分析的梦想”。如果你从 1 月 1 日起一整年都为了你的梦想而努力奋斗，那么当 12 月 31 日这一天到来时，你自然会知道明年的梦想是什么。“基于分析的梦想”会自然而然地衍生出更多梦想。一个“基于分析的梦想”不会让你感觉自己的人生在原地踏步，甚至是退步，它会一直鞭策你不断向前。

如果梦想在云端，那就把它扯到地面或者搭个天梯爬上去，而不是躺在梦里一直做梦。

拥有“基于分析的梦想”的人不会害怕 12 月 31 日这一天的到来。他们很清楚自己想要什么，要走什么路。所以每年的 1 月 1 日不要总去找人算命，还送钱给人家。你哪有那个闲工夫，积累数据都来不及了，你要上哪儿去啊？只有那些不肯努力的闲人才会毕恭毕敬地找神婆算卦。如果想要明年的 1 月 1 日挺直腰板面对自己，那就赶快想一想你能够做些什么？争气一点，从今天起（不，就从此刻开始），创造属于你自己的数据吧。

姐姐有话说

那些没有能力数据的人由于没有数据可以分析，就只能拥有“基于欲望的梦想”。假如一个人说自己的梦想是“成为有钱人”，这个梦想能否成为现实，取决于它是因欲望而生的幻想，还是经过具体分析而得出的愿景。

如果是因欲望而生，那他就只能继续做梦，恐怕连有钱人的边都沾不上。但如果他的梦想是通过分析得出的，就说明他已经拥有做梦的资本，而这个梦想是有可能实现的。

你的时间账户还剩多少余额

你是否每天早上都不想起床、掐点上班？你是否做事拖拉，总感觉时间不够用？

时间就是金钱，你是毫不在乎地花掉，还是把一块钱掰两半来花？

为什么有些人时薪500块，而有些人一周才能挣到500块？

我35岁顿悟，工资翻400倍，现在的日薪是13500元，我是如何做到的？

我从今年开始做“金美敬的青鸟演讲”，它是带有慈善性质的演讲活动。每位听众需要缴纳150元入场费，全部收入的1/3将捐给慈善机构“美丽基金”，用于公益活动。其实对于大部人而言150元并不算少，即便如此每个月还是有400～500人参加，甚至还有人是从光州、大邱、釜山专程赶来。

为什么会有那么多人如此热切地来听我的演讲呢？因为他们想要发现并打造一个更完美的自己。我觉得他们每个人都很伟大。坚持每个月长途跋涉来听我的演讲，可不是一件容易的事情。

演讲结束后，很多人到后台找我，并这样问我：

“我真的可以成功吗？”

“我真的可以变得比现在更好吗？”

他们之所以这样问，是因为觉得自己无论是学历、工作还是家境都没有过人之处。但我总会自信满满地回答他们：“一定会的！”因为你已经拥有了世界上最宝贵的财富，那就是365天的时间。

时间有两个特征：第一是平等。时间是上帝赐予人类最公平的礼物，所有人都会在1月1日这天得到365天的时间。第二是易逝。如果你不用，时间也不会被储存起来，而是消失不见。

先人们担心不知道如何合理地利用时间，于是巧妙地将它装在 12 个盒子里，有的盒子装了 28 天，有的盒子则装了 31 天。如果这次没用好，明年还会再次得到时间的礼物吗？答案是肯定的。当下一个 1 月 1 日到来时，人们又会收到一份新的时间礼物。我今年 48 岁，也就是说我已经收到 48 份时间礼物了。你的人生如何，完全取决于你如何使用这些时间。因此每当我们打开一盒时间时，一定要合理使用。

你的一天价值几何

如果 365 天的时间价值是 18250 元，一天的价值就是 50 元。懂得节约利用时间的人，会将价值 50 元的一天掰成 5 角钱来花：有的花在吃饭上，有的花在自我提高上，也有的花在读书上。最终我们的人生价值几何，就取决于这些钱是怎么花的，花在哪里。

懂得使用时间的人，日后也许会成为教授、企业精英或舞蹈家。这些人绝不会浪费每一天的光阴。韩国著名芭蕾舞演员姜秀珍说自己将每一天都用到了 120% 的极致。从小时候学跳舞开始，她就懂得珍惜每一天的时间了。所以她现在的每一天都价值过万。

将每一天的时间都利用到极致的人，年薪能够达到上千万元。比如国民偶像足球选手朴智星，他的年薪就高达 3500 万元。可以想象他是多么珍惜价值 50 元的每一天。正因为他节约每一个 5 角钱，并将它打造成 50 万元的价值，现在他才能拿到上千万的年薪。由此我们可以得出结论：如何使用每一天的时间，从根本上决定了一个人的价值。

我从23岁开始工作，当时一个月的工资是1200元，一天的价值就是40元。29岁第一次讲课，一天的讲课费是125元。之后的19年，为了成为最棒的讲师，我不停地进行自我投资，如今我一天的价值大约是13500元。25年来将近翻了400倍。

20岁的我是一个完全不懂得珍惜时间的笨蛋。上大学时，本来打算早上起来做点什么，但闹钟好像被人故意往后调了一样，一觉醒来就已经11点了。我慢吞吞地爬起来，先花30分钟一边看电视一边洗漱，再磨蹭一个小时吹头发。

如果有朋友打电话来就相约见面聊天。回来如果时间还早就到梨花女大附近的商店逛逛，过过眼瘾。这样磨磨蹭蹭回到家里已经是晚上7点了，吃完晚饭再看看电视剧就到深夜了。

夜越深，我就越烦躁，倒不是因为觉得浪费了一天时间，而是因为还有正事没做。

“啊，教授布置的作业还没写呢，这教授怎么每天都布置作业啊，以后不选他的课了。”

唧唧歪歪抱怨完之后，还是洗洗睡吧。再一觉醒来又是第二天的11点了。昨天没做完的事情今天还会做吗？照样不会做，能拖一天算一天。参加工作后也没有多大改变，只是动作稍微快了些。工作就像镣铐，我也是被逼无奈，毕竟不能按我的意思11点上班吧。

不过掐点上班也是一件苦差事。每天都想多睡5分钟，结果总是踩着点到公司。和老板四目相对的时候，老板的眼睛冒着火，好像在说“这个点才来”，我赶紧低下头灰溜溜地进去。真不明白那时候上班为什么总是充满罪恶感。

直到我自己开办钢琴培训班，才稍微懂事起来，也是从那时起开始渐渐意识到时间的珍贵。因为我早一点出门，就可以多教一个学生，从而就能多赚200元。打那时起我就开始定闹钟起床。每天一上完钢琴课就回到家和丈夫一起煮大酱汤，然后吃饭、聊天，玩一会儿就睡了。

真正觉得时间宝贵，还是在当了好几年讲师之后。当时需要我自己开发一个讲义项目，但脑袋空空的什么都想不出来。于是我开始拼命给大脑补充养分，一天的时间突然变得很短。出去上完课回到家还要继续读书。另外还需要制作一本讲义用的资料集，工作越来越多。

这时我才明白了一个道理：真正工作的人，工作会越做越多；而那些工作越做越少的人，也称不上是认真工作的人。如果你今天认真工作了，那么工作就会问你：“明天是不是需要再补充点别的？”当你的工作越做越多，越来越忙时，你自然会感叹：“天啊，时间怎么总是不够用啊？”

我甚至连睡觉的时间都觉得可惜，累了就趴在桌上休息一下，生怕躺到床上会睡死过去，浪费了宝贵的学习时间。在像发了疯一样每天只睡三四个小时后，我开始明显感觉到我的人生起了变化。我在35岁时意识到了时间的宝贵，而不是在53岁。这是一件多么值得庆幸的事情啊！

最有价值的投资：提高能力变数

自己成为老板后，我开始深入研究如何更有效地使用时间。以我自创的“1+1 时间法”为例，“1+1 时间法”顾名思义就是在做某件事情的时候同时做另外一件事情。曾经有一段时间我非常喜欢蒸桑拿，可又觉得只是干坐着蒸桑拿很浪费时间，于是我决定把要看的资料也一起带进去。但在桑拿房里水蒸气凝结很容易打湿资料，糟蹋了资料就太可惜了。

于是我想出一个方法：把要看的资料打印出来，打孔装订后放进塑料文件夹里带进去，一边蒸一边看，蒸完后资料也看完了。

要学会合理地利用和分配你的时间。一个职业女性成功的秘诀在于握住每一分每一秒。

在桑拿房里，如果只是干坐着发汗是很累的，但我因为要把资料看完，反而比别人蒸得更久，真是一石二鸟。当然，桑拿房里的阿姨大婶们会用异样的眼神看着我，她们一定在心里嘀咕着：“啧啧，真能装啊，就你爱学习啊？”

每天看到我这副走火入魔的样子，我的丈夫都烦透了。我甚至在看电视时也会拿着便笺纸，随时准备搜集有价值的信息——这让他看电视的兴致一下子全没了。“1+1 时间法”在坚持几年后慢慢发展为“3 合 1 时间法”，我现在可以在很短的时间内同时完成三件事情。因为我一直想尽办法节约时间，所以工作效率不知不觉提高了很多。从前看一本书要四五个小时，现在一个小时就可以看完。因为书看多了，有价值的内容扫一遍就能发现。所以准备讲义的效率也直线上升。

专家和普通人的区别就在于内功的深厚程度。专家们一看到问题，就知道答案是什么。别人需要 10 个小时才能完成的事情，专家不用 10 分钟就可以搞定。所以同样是靠能力赚钱，普通人 1 小时的价值和专家 1 小时的价值存在本质的区别，原因就在于专家用了数 10 年的时间打造自己的价值。

懂得珍惜时间的态度与做事准确高效的实力，是客观上衡量一个人能力的标尺。而且这两者之间存在着乘法关系。如果珍惜时间的态度提高 3 倍，做事的实力也提高 3 倍，那么 3×3=9，也就是说你的能力与现在相比就会提高整整 9 倍。懂得珍惜时间的人必定会变得更加优秀，而能力出众的人自然更懂得珍惜时间。两者相辅相成，最终促成一个人能力的成长。

这里的数字 9 就是你的能力变数。能力变数与你的年薪有直接联系。如果你的能力变数为 9，将你目前的年薪乘以 9 就是你将来的年薪。如果你能将自己的态度与实力分别提高 3 倍，那么你的年薪就会是现在的 9 倍。

能力变数 = 态度 × 实力

这样说你明白了吗？如果你想比同事多拿 4 倍的薪水，你就要比她多付出 4 倍的努力，或者付出双倍的努力，然后再将自己的实力提高双倍。像这样将乘法公式付诸行动，你的能力将会成倍地增长。

你的时间账户现在还有多少余额呢？如果过去 10 年你都在荒废光阴，那么你的余额就是负数。痴长了岁数而能力却没有丝毫长进，很多职场人士一辈子都无法将自己的能力变数提升至 2。

从现在起再过 10 年，实力可以提升两三倍的人也不多。因为人一旦自我满足就会变得懒惰，从而失去奋斗的动力。

趁现在还为时不晚，赶紧开始努力吧，就当做是在弥补时间账户的赤字。改变自己的每一天是最有价值的投资。试想这世上有哪一种基金或保险能为你提供 4 倍甚至 9 倍的利润呢？请不要再把宝贵的时间浪费在炒股上了，先来提高自己的能力变数吧。努力提高自己的能力变数，终有一天你会见到一个超乎想象的自己！

姐姐有话说

懂得珍惜时间的态度与做事准确高效的实力，是客观上衡量一个人能力的标尺。而且这两者之间存在着乘法关系。

如果珍惜时间的态度提高 3 倍，做事的实力也提高 3 倍，那么 $3\times3=9$，也就是说你的能力与现在相比就会提高整整 9 倍。

懂得珍惜时间的人必定会变得更加优秀，而能力出众的人自然更懂得珍惜时间。两者相辅相成，最终促成一个人能力的成长。

寻找你的激情引擎

如果说，苹果公司创始人史蒂芬·乔布斯就是一架性能优良的飞机，

那么，你呢？你是比亚迪、捷达、奔驰还是法拉利？

一个人无论做什么工作，既不出成绩也不犯错，其实是最差劲的状态。

只有找到你的激情引擎，你才能最大限度地激发你的无限潜力。

有驾照却没开过车的人，不知道自己的车性能如何。光有一腔热血而不努力的人，也不会知道自己的能力如何。因为他们把自己关在家里，什么事情也不做。然而当这些人走上社会时，他们的汽车仪表盘就要开始转动了。这时他们会了解到自己的车最高时速是多少，时速达到多少时车身会晃动，燃油效率怎样。有时候车会出现一些小故障或小麻烦，你要么选择修理，要么干脆忍着。但必定会有一个需要换车的时刻，这就是你人生蜕变的时刻。

20 岁时我是一辆小排量 TICO（韩国大宇公司 1991 年生产的韩国首辆轻型汽车。——译者注）。身体明明是 20 岁，性能却只赶得上一辆老式 TICO。20 岁工作就用涡轮轴发动机的人已经很少了，但有人甚至连体力都是 TICO 档次的。晚上跟 50 岁的人一起喝酒，第二天，50 岁的人还在精神奕奕地工作，而 20 岁的年轻人却嚷嚷着头疼要早退了。当然有些人 50 岁了还是一辆 TICO，不过这些人大多待在家里，因为不会有公司肯用他们。

职场人士的汽车性能应当随着年龄的增长而不断提高。30 岁是桑塔纳，40 岁就应该是现代君爵，50 岁就应该开上豪华车雅科仕。真正的职场人士懂得如何利用最短的时间，达到最高的效率，获得最佳的成果。因为他们的车燃油效率高且性能好，只用一个小时就可以达到最佳效果，所以不用再像以前一样拼命工作十几个小时。

如果按照这个等级划分，苹果公司创始人史蒂芬·乔布斯就是一架性能优良的飞机，他的速度是普通人无法想象的。结论就是：职场人士的能力就等于车的燃油效率。加同等量的油，拼谁跑得更久更快。

让自己能有多优秀就多优秀

如果车的性能代表一个人的能力，那么换车就意味着全新的挑战。当我还是一辆 TICO 时，我的培训课程主要内容是如何提高顾客满意度。我的 TICO 以最大功率拼命奔跑，突然有一天，它到达了极限。我想继续跑，但车身不停颤抖，再也无法提速了。我感觉到它已经不属于我了，马上换成桑塔纳继续前行。于是我开始做两个小时的女性领导力课程。

我的桑塔纳开始慢慢提速，开到 160 迈还是运行得很好。但随后我感觉还可以跑得更快，之后没过几年我就换成了现代君爵，这时我独自开发了长达八小时的女性营销课程。由于那些都是我从来没有学过的东西，要怎么做才能跑得更快，想要达到最大功率需要采取什么措施，车身摇晃的时候应该如何应对，所有问题的解决方法都是我在实践中得来的。我努力的成果使得现在韩国的大企业都开设了女性营销项目，这让我感到很自豪。接着我又涉足电视演讲，此时我的听众不再局限于职场人士或女性，而是从孩童到老人，我要想尽一切办法说服他们。虽然准备每个星期为期一小时的演讲让我苦不堪言，但我的燃油效率却因此而飙到了最高点。正是那段难忘的经历，让我现在有幸坐上了雅科仕。

最近开始做的“金美敬的青鸟演讲”对我而言也是一项极大的挑战。因为听众不是公司强行安排来接受培训的人。要让这些交了150元来听演讲的人感觉自己听到了价值1.5万，甚至15万的内容，我的燃油效率应该达到多少呢？然而事实却是，从前需要一整天才能完成的讲义，现在只需要三个小时就足够了。

因为燃油效率提高了，我现在不仅给人讲课，一年内还可以抽空出四五本书。如果你不相信，可以把我们公司的演讲课程全听一遍。我可以很自信地告诉你，我已经做好了换乘飞机的准备。也许当“金美敬的青鸟演讲”每场听众达到5000人次时，我就可以坐上飞机了。

过得好的也不过是一辆桑塔纳而已。这些傻女人把桑塔纳当做是自己人生的终极目标。她们没坐过雅科仕，所以觉得有辆桑塔纳就很不错了。但问题是，明明是辆TICO，却质问别人为什么不给自己雅科仕级别的待遇。如此前后矛盾，人生怎么可能不痛苦。

弄明白这点后，接下来要做的就是找到你喜欢做的事情。世界上最可悲的就是做自己不喜欢做的事。明明喜欢文科却被父母逼着读理科，这样的孩子实在太可怜了。

然而头脑聪明的孩子即使读理科也会学得很好，这样的人就是所谓的“聪明反被聪明误”。如果在理科方面没出什么成绩，他们也许还会想理科不适合自己，从而寻找别的出路。但如果成绩不错，反倒左右为难起来。从韩国第一学府首尔大学毕业的，不知有多少人因为没找到自己的人生方向而虚度一生。即使找到一份稳定且高收入的工作那又如何，那样的人生多无趣啊！

提高你的燃油效率

如果想一直开心地工作，那就一定要做自己喜欢的事情。你越快找到人生的方向，就能越快步入正轨。大部分人在学生阶段都无法找到自己真正喜欢的事，因为学校科目繁杂，还有成绩排名的干扰，很难看出你究竟适合什么，擅长什么。

一旦开始工作，一个人在某方面的特质就会慢慢显现出来，公司不比学校，在公司没有多少事情是需要 IQ 解决的。假如我在受理顾客投诉的客服部门上班，我就应该打心底里喜欢跟人对话交流。如果听完顾客的投诉，就郁闷得把自己关在洗手间，事情就不好办了。

一个人无论做什么工作，只要他既不出成绩也不犯错，那就是最差劲的状态。还不如尽早离开公司，反而能更快清醒，并找到自己真正喜欢的事情。

当我发现公司员工所做的工作不是他喜欢的事情时，我就会给他们换部门。曾经有一个法律系毕业生，一开始被我安排去编辑课程内容。因为我认为法律系的学生应该比较细心，而且喜欢研究。但这份工作完全不适合他，一年后他开始变得意志消沉。后来经过观察发现，他其实性格外向，喜欢与人交际。于是我把他调到了艺术演讲 CEO 课程的销售部门。之后，他的工作成绩一路飙升，做事效率提高了三四倍。其实他不是没有能力，只是之前做的事情不是他喜欢的罢了。

如果你还没有找到喜欢的事情，不妨多尝试不同的工作，然后在其中挑选成果最好、最令你兴奋的事情来做，同时不断地跟你的内心进行沟通与对话。当你认定这就是你内心所喜欢的事情后，就要毫不吝啬地投资，以提高自己在这个领域的燃油效率。

29 岁前，我一直认为自己喜欢的是音乐。音乐确实是我内心喜欢的事情，但后来我发现它远不及讲师这份工作让我热血沸腾。自从投身讲师之列后，我的燃油效率直线飙升，内心激动不已。当然要在那么多人面前讲课，从准备阶段开始就不能松懈。但我的大脑越是紧张就越兴奋，即使熬夜也丝毫不觉得疲惫。

一个人知道自己能干什么，在选择工作的时候才有可能寻找到自己在社会坐标系中的恰当位置，从而最大限度地实现自己的梦想。

让大脑沉迷于它喜欢的事情，它就可以 48 小时或更长时间不间断地工作。燃油效率急速上升根本都没有时间疲劳，一点也不困，甚至还可以听到大脑兴奋转动的声音。我通常都是在这个时候才能够制作出真正“疯狂的讲义”。

用这份讲义激情四射地讲完一堂课后，大脑又因为喜悦而持续兴奋，一点都不想休息。第一件事情还没做完，大脑已经开始策划第二件事了。就这样，19 年来我一天都没有休息过。我想我这辆车大概要等到 70 岁的时候才会停下来吧。到那时，我会偶尔给那些想提高燃油效率的人一些指点，过上悠闲的生活。燃油效率高的人知道应该在什么时候踩刹车，什么时候停下来休息。

他们不会等到穿过世俗界定的终点线或是被开了罚单以后才停车。随心所欲停在路边休息的绝世名车，光想想都感觉很棒，不是吗？

姐姐有话说

职场人士的汽车性能应当随着年龄的增长而不断提高。30岁是桑塔纳，40岁就应该是现代君爵，50岁就应该开上豪华车雅科仕。真正的职场人士懂得如何利用最短的时间，达到最高的效率，获得最佳的成果。

一个人无论做什么工作，只要他既不出成绩也不犯错，那就是最差劲的状态。还不如尽早离开公司，反而能更快清醒，并找到自己真正喜欢的事情。

如果你还没有找到喜欢的事情，不妨多尝试不同的工作，然后在其中挑选成果最好、最令你兴奋的事情来做，同时不断地跟你的内心进行沟通与对话。当你认定这就是你内心所喜欢的事情后，就要毫不吝啬地投资，以提高自己在这个领域的燃油效率。

拿什么来主宰你，我的人生

如果我们不是“富二代”，不是“官二代”，也不是教授的女儿，拿什么跟别人拼？

“我很满意现在的自己，不想回到年轻的时候。”43 岁的芭蕾舞女演员说。能说出这句话的女人有几个？

她从一个被生母虐待、被丈夫家暴的女子，变成哈佛大学的博士。她是如何实现人生反转的？

发生在困境中的故事往往最令人感动。对于战胜逆境而实现梦想的人，人们从不会吝惜掌声。所以有一种电视节目永远不会过时，那就是类似于《人间剧场》（韩国KBS电视台早上播放的电视节目，讲述平凡人的动人事迹。——译者注）的纪录片。这些纪录片都有一个关键词——“逆境”。主人公往往都一无所有，唯一可以信任和依靠的只有自己。

家境殷实、靠父母帮助成功的人是绝对不会出现在这类节目中的。只有那些凭借自己的力量、历经风雨而最终实现梦想的人才会成为节目的主人公。人们可以从他们的故事中学到很多东西。

我出生在忠清北道的曾坪，一个小得不能再小的乡下。在那里，最富有的人是酒厂、木材厂的厂长和人参店的老板；其次是服装店、刺绣坊和五金店的老板；再来就是卖菜的小本生意人；剩下的都是农民。我们班的同学大部分都是农民的孩子。

农家的女孩子没法正儿八经地上学。夏天插秧和秋天秋收都要在家里帮忙，上不了学。所以每逢农忙时，学校干脆都放假，反正大部分孩子都不能来上学。妈妈们到了农忙时也会理直气壮地把孩子留在家里：

“现在插秧要紧，上学有什么重要的？”

我帮家里插秧时还经常有好吃的，那时候的小点心是如此美味，我到现在都还记得。

小时候我以为曾坪是韩国最大的村子，也理所当然地认为全国最富有的人就是酿酒厂厂长和人参店的老板。那时认为人参店的老板很了不起，曾坪最好的私家车也是他们家的。

"基础力量"对决，YOU CAN

念高中时我去了清州市。我在那里感受到了极大的文化冲击。曾坪的人参店老板到了那连名片都拿不出手，到处是教授的女儿、银行家的女儿、国会议员的女儿……大家出身都很好，我的同桌就是国会议员的女儿。这才一个"市"就发现自己和别人差距那么大，更何况由很多个"市"组成的忠清北道呢。

我不由自主地想，"完蛋了，我在这里要怎么混下去呢？"

班上同学的成绩都很好，英语发音标准，衣着也光鲜，我没有办法不气馁。但仔细一想，也没理由气馁。经过几个月的认真观察，我发现虽然她们的爸爸是院长、教授，但她们和我一样都是平凡学生。她们的爸爸又不会到学校里来，所以我只要搞定她们就可以了。

于是我痛下决心，要让他们看一看"曾坪的乡下土孩子"有多厉害。这以后，我的高中生活每天都面临着全新的挑战。我拼命学习，也没有落下一项课外活动。高中时期恐怕没有谁举手的次数比我多。

“谁想参加这次体操比赛，带领大家战胜别的班级？”

“我！”

“谁想成为这次合唱团的指挥？”

“我！”

“我们要参加重唱团大赛，谁来负责这次活动？”

“我！”

不管班里要参加什么活动，我都会大声地说：“我！”最起码这样可以让自己显眼一些。为了赢过院长的女儿们，我拼命地喊：“我！我！”到后来几乎没有人再举手了。

有一次学校要举办体操比赛，班上同学都不肯参加，是我一个一个地说服她们参加的。因为要穿统一服装，我就向每个人收了 25 元，然后一个人跑到了首尔东大门市场跟卖衣服的阿姨拼命砍价，买到便宜的 T 恤和帽子。一个人拖着沉重的东西，挣扎着上了高速巴士回到清州。

正是因为这些努力，才有当时我们穿着红色 T 恤，戴着黄色帽子一起跳舞的照片，我一直都保留着呢。当时流行奥莉维亚 · 纽顿 - 约翰（Olivia Newton-John，20 世纪 70 年代澳大利亚著名乡村歌手。——译者注）的歌，我按照她的歌来编排舞蹈，并得了第一名。我还参加过运动会的拉拉队大赛，使出浑身解数，最后也得了第一。当时只要是我负责的事情没有不得第一的，所以在学校里相当出名。

“金美敬出手，肯定得第一。”

每所学校都有一个如同传奇般的学姐，我就是那样的人。我的学弟学妹们到现在都还记得我，因为当时我实在是太活跃了。高三快结束的时候，我突然有一种感觉：游戏结束。清州已经被我摆平了。

同时我还明白了一点：15 岁以后是靠人的“基础力量”进行对抗的，这是与家世背景无关的赤裸裸的个人能力的对决。我坚信这一理论，于是到首尔之后，我继续战斗并且一直战斗至今。

我认为只要有喊“我！”的勇气，承担起“我！”的责任感，无论什么事情我都有信心做好做漂亮。而且我觉得这样的自己很特别，这样的生活也十分惬意。

善用女人最大的资本

在遇见她的那一刻，我感到自己是如此渺小。她让我不禁感叹，世上竟然有如此优秀的人，她就是《我想成为你拥有希望的证据》的作者徐贞奎博士。我是通过“MBC 青鸟演讲”认识她的。

我跟徐博士的关系一直很好，我们对“基础力量”的观点也是不谋而合。不同的是，我遇到了一位好母亲。小时候，我的母亲一边辛苦经营服装店一边对我们说：“就算把头砍下来，把肉割下来，我也要养活你们。”我的母亲就是以这样的信念抚养我们成人。

而徐贞奎博士的母亲则经常把这样的话挂在嘴边：

“我为什么要生出你这个丫头片子来？”

“丫头片子上什么学？”

她对女儿的偏见很大，重男轻女的思想特别严重。从前MBC电视台有部电视剧叫《儿子和女儿》（韩国MBC电视台1992年播出的一部电视剧，剧中女主人公饱受亲生母亲歧视与刻薄对待。——译者注），徐博士同电视剧里面的女儿遭遇几乎如出一辙。

早上6点，她被母亲巴掌扇醒，叫她生火做饭。

“女儿不帮妈妈干活，还有脸睡到现在！”

但母亲从来不会叫醒哥哥，她说哥哥要多睡会儿。徐博士说，她一度认为自己的母亲是继母。长大之后这种感情慢慢变成了愤怒：

“女人为什么一定要这样生活！我妈妈也是女人，为什么要这样对待自己的亲生女儿？”

支撑徐贞奎博士至今的最大力量就是“愤怒”。凭着这股劲，她硬撑着读完了高中。毕业后到一家假发工厂当工人，过了一段时间，无意间看到一则美国招保姆的广告。她觉得如果一直待在韩国，人生也没什么希望，于是她决定去美国。

她的朋友都劝她不要去，担心她到那边后被卖做娼妓。朋友们都说美国人会先把一些贫穷国家的女人以招聘保姆的名义骗过去，然后再把她们卖去做妓女。虽然她心里也很害怕，但由于对韩国的生活已经绝望，她最终还是去了美国。值得庆幸的是，她进了一户很好的人家，攒钱独立之后到餐厅当服务生，最后靠挣到的小费读完了大学。

不过她的运气不太好，回国后嫁了一个很差劲的男人。这个男人是跆拳道教练，他认为女人一定要隔几天揍一顿才会听话。况且他还是跆拳道教练，下手该有多重啊。当时她全身都伤痕累累。由于长期遭受暴力，导致她第二个孩子也流产了。

后来她逃回美国，进入了陆军新兵训练营。刚流产不久她就像男人一样接受了高强度的军事训练，最终成为一名美国陆军。训练期间她仍不忘刻苦学习，当时在部队众人皆知。但她并没有止步不前，而是选择继续努力深造，最终获得了哈佛大学的博士学位。

多了不起的人生反转剧（韩国 SBS 电视台 2004 年播出的系列短剧，每集都有一个出人意料的结局，因此被称为反转剧。——译者注）啊。徐博士写的书我一边看一边流泪。她的人生本身就是一部令人感动至极的电视剧。她的故事在国内播出后，她的书也是大卖。

徐博士现在工作繁忙，经常往返于美国和韩国巡回演讲，不过更多的时间还是在美国授课。据说美国人听到她的事迹都感动得痛哭流涕，但徐博士却说自己还有一个梦想。

“你的梦想不都实现了吗？”我这样问她。然而她却回答我：

“没有，我想成为美国国务卿。”

“真的吗？”我惊讶得瞪大了眼睛。

“不行吗？我可以的！”

她说她早已将自己的梦想公诸于世了，这样也可以让人打消让她留在韩国的念头。

每当看着她的脸，我都可以真切地感觉到她是一个经历过苦难的人。她笑起来的时候给人的感觉有点凄凉，但讲课时却变得激情四射。每当看到她上课的样子，我都不禁会想：我到她这个年纪时，还可以这样激情洋溢地给人上课吗？

听她上课完全是一种享受。她的课能给人们带来希望，从而激发出更大的希望。她能给人们带来热情，从而激发出更多的热情。她把希望和热情带给人们，让人们拥有更大的梦想，变得更加坚强。

我们时常说人都要有一个可以避风休憩的港湾。但“避风港”一不小心就会变成“陷阱”。人一旦稍稍放松下来，很容易就会陷入安逸的状态。但徐博士没有“避风港”，她只能相信自己，不断向前。她这类人是自我领导的大师，就是让自己成为自己的领导者。无论遇到什么情况都不轻言弃，自己帮助自己重新站起来。这种力量在安逸与富足的生活中是无法获得的。因为人在安逸与富足的生活状态下会不自觉地变得懒散。这是人的本性。

从灰姑娘到王妃，从丑小鸭到天鹅，从孤苦无助到大权在握——这些童话故事告诉我们，一切都可能转变。

但是如果一个人一无所有，也没有“避风港”可以休憩，他的全部资产就只有自己。他就会进行自我控制，把自己当作资本。如果你不断努力，不断成长，终有一天也会拥有撼动世界的力量。

30 岁的女性力量薄弱，也没有什么资本，但如果你能把自己看作最大的资本，如果你能努力 30 年，就一定会获得某种可以撼动世界的力量。你要相信自己可以撼动这个世界，你要有这样的自信来领导自己，主宰自己的人生。

打造你的无憾人生

《膝盖道士》（韩国 MBC 电视台一档访谈节目，每期都会邀请一位嘉宾，分享其人生故事。——译者注）是我最喜欢的娱乐节目之一。

节目请到的嘉宾都是在各个领域颇有成就的人士。他们说的每一句话都称得上是经典名言，那些话融入了他们一生的感悟，能听出他们经历过的风风雨雨，因此很容易打动观众。

> 2010 年，芭蕾舞蹈家姜秀珍作为嘉宾参加了一期《膝盖道士》。当主持人姜虎东得知姜秀珍已经 43 岁时大吃一惊，于是问了她一个问题：
>
> “你难道不想回到年轻的时候吗？”
>
> 身为一名芭蕾舞演员，随着年龄的增长，能出演的角色就越来越有限。但你知道姜秀珍是怎样回答的吗？
>
> 她没有丝毫犹豫地回答“不想”。因为舍不得那么多年的努力，所以她不想回到过去。
>
> “我 20 岁时舞蹈姿势不够柔和，表现力也不好。但我不断挑战自己，坚持不懈地练习。现在的我比 20 岁的我能更好地表达喜怒哀乐。我那么辛苦地打造自己，才有今天的成就，我对现在的自己非常满意。”

当我听到她的话时，简直惊呆了。

“我很满意现在的自己，不想回到年轻的时候。”

能说出这句话的女人全世界能有几个呢？于是我也尝试着这样问自己。

“金美敬，你想回到过去吗？”

思考后我才发现，对于过去，我没有丝毫留恋。即使回到过去，我还会像现在一样生活。那么为什么要重复相同的事情呢？反正绕了一圈最终还是会回到这里。

我去讲课的时候也问了听众同样的问题。

“想回到年轻时候的人请举手。”

结果有一半的人举了手。他们有很多后悔的事情，“那时再努力些就好了……”于是我不禁产生了一个疑问：如果想要打造一个“永不后悔”的自己，那么现在需要做什么？

你的“内部动机”强大吗

第一，强化自己的“内部动机”。参加《膝盖道士》的人都是内部动机强大的人。内部动机是什么？内部动机就是当别人都夸你做得好的时候，你却否认自己。

米开朗琪罗在西斯廷教堂绘制《创世纪》时，为了一个很小的细节，修改了好几天。《创世纪》是多么庞大的一幅画，但他却因为一块巴掌大小的地方折腾了好几天，他的朋友都看不过去了：

“这么大一幅画上的小瑕疵，谁能看见啊？”

“我能看见。”

这就是内部动机。

我在课程结束后也经常听人称赞我讲得好。但如果那天上课出了错，不管别人怎样夸赞，我都不会开心。因为我太清楚自己的不足了，我想芭蕾舞演员姜秀珍大概也是这样的吧。

成功的人往往不是按照别人的标准，而是按照自己的标准来行动的，而他们的标准一般都很高。但也有人明明一辈子都在按照别人的标准做事，却总是被指责做得不如一般人。

“哇，你做得太棒了。你这个年纪做成这样就很好了。”

如果听到别人这样称赞就开始自我感觉良好，从而停止努力，这样的人终有一天会跌到别人的标准线以下。

但也有人听到别人的称赞，礼貌地说完“谢谢”后，就会转身会对自己说：

“细节上还有很多不足，还需要培养耐性”。

一边自我调侃一边完善自己。姜秀珍就属于这一类人。他们即使听到别人的称赞，还是会因为自己的不足不断督促自己，努力提高自己。因为他们是按照自己的标准在努力，按照自己的标准在与这个世界交易。

当我听到著名歌唱家安淑善老师的事迹时也大为震撼。她从6岁开始唱歌，从那时起就按照自己的标准要求自己。参加比赛得了第一，虽然得到了人们的掌声，但她自己却很伤心。因为她知道自己演出中表现失误的地方，虽然别人听不出来，但自己心里十分清楚。

《我是歌手》（韩国MBC的一档音乐节目，每周7位韩国顶级实力歌手参赛，以自己的方式演绎经典歌曲，比赛采取淘汰制，由全年龄段的大众评审决定歌手的去留。——译者注）中也发生过类似的事。有“韩国席琳·迪翁”之称的美籍韩裔歌手朴正炫在演唱国民歌手赵容弼的《现在希望是如此》后，得了第一名。但从舞台下来后的她却说：

“如果唱得再好一点就好了。”

老牌摇滚乐队 YB（尹道贤的乐队）的主唱尹道贤在别人都夸他唱得好的时候却说：

“音准有点错了。”

无论别人如何称赞，他们还是会因为没能达到自己的标准而伤心难过。职业人士的内部动机都很强大。虽然他们的成就已经远远超出了普通人，但因为还没达到自己的标准，他们总能发挥出超乎寻常的力量去努力。如此一来，成为最强者是必然的。

因此我们必须谦虚，对自己的职业谦虚，对自己的每一天谦虚。只要谦虚就能找到自己的不足之处，然后继续努力完善。你也可以像姜秀珍一样成为世界顶级的芭蕾舞演员，像安淑善一样成为歌唱家，甚至在《我是歌手》如此激烈的竞争中问鼎冠军。如果要打造永不后悔的自己，就要时刻告诉自己：“你离成功还远着呢，把标准再提高些。”

女人，就要对自己“狠”一点

第二，对自己苛刻。按照别人的标准做事的人往往是对自己很宽容的人，这种人虽然对自己很宽容，对别人却十分苛刻，他们喜欢挑别人的毛病。

一边指责别人做事不认真，一边为自己做得“差不多”而沾沾自喜。一个对别人苛刻、对自己宽容的人怎么可能成功呢？拜托你用严格的标尺来衡量自己，对自己苛刻一点，对别人宽容一点。

我们公司的讲师们，上完课回来很晚了还在学习，我心疼他们，叫他们回去休息，但我会留下来继续学习。因为我深知对自己宽容的代价就是在外遭受别人的苛刻。只有对自己苛刻，才能得到别人的宽容。正因为明白这个道理，我才会不断地督促自己，一直坚持努力，如果你也能这样做，总有一天，你会发现自己定下的目标已变成了现实。

所以我们应该经常反省自己：

“我是不是对自己太宽容了？”

“我是不是太轻易原谅自己了？”

如果你每次都轻易地原谅自己，你就会变成一个做事随便、娇气蛮横的人。这世上没有任何一个地方容得下这种人。

“学是自己的，不学就是别人的。”

第三，不断地努力学习。社会不断变化，要想适应它，你就需要不断学习以提高自己。如果你变得更优秀，自然会有人重用你。你可以尝试比较一下现在的你与初入职场的你，看看是否有所改变，这样你就会明白自己现在对公司的价值是多少。

假设我在一家广告公司上班，以前的广告平台是有限的，只有报纸、杂志、广播、电视等。但随着个性化时代的到来，我还应该学会用博客进行广告推广，现在是推特（Twitter）、脸谱网（Facebook）

当道的社交媒体时代，不熟悉社交媒体就几乎无法从事广告工作。

每天在首尔市区内的早餐聚会（白领之间流行的一种聚会，大家利用早餐时间交流信息，拓展人脉。——译者注）就多达上百个。你知道一场早餐聚会通常有多少人参加吗？他们大清早赶来参加聚会就是为了能多学一点东西，多积累一些人脉。人们通常认为只有需要继续学习的人才会参加，但你到了那里就会发现事实并非如此。有人甚至每天的早餐聚会都参加，他们正是在利用早餐的时间努力学习。

"这把年纪了学阿拉伯语做什么？"

"多大岁数了还学中文做什么？"

虽然有人会这么想，但参加早餐聚会的人仍在努力学习，哪怕只是一点点的内容。所以他们可以把全世界的信息都变成自己的，为己所用，成为一个永远被社会需要的人。

"我都 36 岁了，两个孩子的妈了，还学这些做什么，凑合着再工作几年，等到 45 岁退休就行了。"

有这类想法的人终将会被社会提前淘汰，他们大多数在 45 岁之前就会退休，脱离社会。我有一句时常用来勉励自己的口号：

"学就是自己的，不学就是别人的。"

世界上所有的信息和知识，学就是自己的，不学就会成为别人的。那些积极参加早餐聚会渴望学习的人，他们的每一天都有一个愉快的开始。一边吃早餐一边"听课"，提出问题，获得解答，并从中得到更多信息，一天拥有这样一个开始难道不让人感觉神清气爽吗？不仅如此，参加聚会的成员彼此之间还会建立良好的人际关系。

“这次的事情一定要办妥，有没有人认识行政安全部的人？”

当部门经理这样问时，那些积极拓展人际关系的男同事一定会激动地站出来。他们为了这一天的到来，不知道参加了多少高中同学聚会、清晨足球赛以及早餐聚会。但什么聚会都不参加的女人们当然不会有熟人，她们唯一的熟人就是自己的丈夫。

不要干坐着，试着努力拓展自己的社交网络，这样在遇到上述情况时，你就可以底气十足地回应道：

“我在早餐聚会上结识了一位先生，是行政安全部主任，我联系他看看吧。”

如此这般，你在公司的地位一下就提高了。热衷学习的人，“成分”都是类似的。他们热衷于帮助别人，只要你们稍微熟络一些，他们会很愿意帮忙。参加这样的聚会，你不仅能学到新的知识，还能得到宝贵的人脉。

如果你从 25 岁开始就像这样努力生活 10 年，等你 35 岁的时候就绝不会想要回到 25 岁。你会可惜那些努力奋斗的时光而舍不得回到过去，你甚至没时间去想后悔的事情，因为你一直在不停地向前奔跑。

奔跑过程中你还会遇到更多事情推动你继续前行，人会变得更加努力活跃，不知不觉就到了 45 岁。这时你还想回到过去吗？你根本舍不得回去，努力生活的人即使到了 100 岁也不会后悔。

“那么努力地过了一辈子，现在也该走了。”

人生不就应该是这样吗？

姐姐有话说

如果一个人一无所有，也没有“避风港”可以休憩，他的全部资产就只有自己。他就会进行自我控制，把自己当作资本。如果你不断努力，不断成长，终有一天也会拥有撼动世界的力量。

想要打造一个“永不后悔”的自己，那么现在需要做什么？

第一，强化自己的“内部动机”。

第二，对自己苛刻。

第三，不断地努力学习。

如果你从25岁开始就像这样努力生活10年，等你35岁的时候就绝不会想要回到25岁。你会可惜那些努力奋斗的时光而舍不得回到过去，你甚至没时间去想后悔的事情，因为你一直在不停地向前奔跑。

SAM

工作篇

Work 1

谁说女子不如男

时下“女强人”当道，她们风风火火，事业有成，收入丰厚……

可她们内心真的彪悍吗？还是“外强中干”？

你是担心入错行，还是更害怕嫁错郎？

你为什么工作？为了实现经济独立？为了实现自我价值？还是为了养家糊口？

让我们来做一个假设。如果全世界男人的人口总数是100，其中，社会生存能力与赚钱能力较好的有50人，剩下的50人不具备这样的能力。女人也是一样，社会生存能力与赚钱能力较好的有50人，剩下的50人则不然。

在现实生活中，这100个男人不管能力如何，全部都在工作。而女人则大部分在家抚养孩子、料理家事。为什么会出现这种现象呢？

我们这一代的男人们从小就被教育要成为“家庭顶梁柱”，要养家糊口。如果儿子学习不好，妈妈们通常就会责备他：

“你成绩这么差，以后怎么养活老婆孩子？”

但如果女儿学习好，她们反而会说：

“女孩子考试得第一，八字太硬嫁不出去。”

父母最不愿意看到的，就是自己的女儿成为家庭支柱。如果女儿嫁给一个经济条件差的男人，就需要出去赚钱，甚至供男人读书，这就更让妈妈们痛心疾首，认为是自己女儿八字太硬才会这样。女儿自己也会这样想，因为她们从小受到的教育就是如此。朋友们都是丈夫赚钱给她们花，自己却正好相反，真不明白自己为什么会沦落到这种地步。直到现在大部分女人的想法仍是这样。

虽然现在的观念有所转变，但大部分人还是认为男人赚钱养家天经地义，而女人赚钱养家就是八字太硬命不好。

男人不会赚钱？那就女人赚

我的生命中就有一个社会生存能力和赚钱能力都明显不足的男人，那就是我的父亲。他原本是一名小学教师，这份工作其实很符合他的个性。但他不满足，最终放弃了。后来他开了一间三星电器的代理店。但由于缺乏经商头脑，没过两年就赔本关门了。记忆中，小时候家里经常同时开着五台库存电视来看。那时我们不懂事，看到那么多电视开心得不得了，不明白母亲为何愁眉不展。

父亲不仅没有丝毫的经商头脑，而且还严重缺乏市场分析能力。之后，他又做起了昂贵的螺钿柜（一种高档的古典家具——编者注）生意。我们生活的曾坪郡 80% 的人都是农民，剩余的人中 15% 是做小本生意的：开五金店、刺绣手工艺店或卖菜卖水果。买得起螺钿柜的人用一只手就可以数完：酿酒厂老板、木材厂老板和部队师长的老婆。

女人似水，坚韧中有温情，柔弱中见刚强；她们自尊、自信，巾帼不让须眉，成为职场中的知性女性；她们贤惠、柔情，为人妻为人母，坚韧而温柔地维护家庭。

一年以后，生意又黄了，于是家里几乎每个房间都放了螺钿柜，连我小时候用的书桌也是螺钿柜。我现在最讨厌的动物就是乌龟和凤凰，因为小时候每天早上一睁开眼睛，化妆台上、书桌上、衣柜上到处都是乌龟和凤凰。那时小朋友来玩，总说我的房间像老奶奶的房间。

我的母亲年轻时就开始经营服装店。如果我父亲收入可观的话，也许她就不会一直做下去，因为她骨子里其实是个传统的女人。刚结婚时，她怎么也想不到自己要开一辈子的服装店。但父亲的生意一次次失败，母亲磨炼出了超人般的生存能力。她 38 岁时就已经是四个女儿的母亲了，那时她也正式成为我们家的经济支柱，43 岁又老来得子。此后，她几乎变成了斗士，开始拼命赚钱养家。

父亲后来又开始养猪，但老天爷已经抛弃了他，他所养的 1000 头猪中，500 头都感染了口蹄疫，被硬生生地埋掉了。父亲忍不住老泪纵横。但母亲还拍拍他的后背安慰道：

“没关系，500 头猪崽算什么，再养就是了。”

于是她拿出开服装店赚来的钱买了 500 头猪崽。我的母亲一辈子都在赚钱养家，她经常说：“男人不会赚钱，那就女人赚，谁说一定要离婚？”

道理很简单，但为什么有那么多人不懂呢？

因为我从小就看到身为女人的母亲赚钱养家，所以我从来没有产生过“女人也要工作吗？”“女人也要赚钱吗？”这样的疑问。而且我认为任何事情都一定要坚持到底。这是母亲留给我的最宝贵的财富。

要做就做 Gold Miss

我直到后来才发现我们家的情况相对特殊。大部分的父母都是这样从小教育女儿：

“女人一辈子最大的幸福就是嫁个好男人，然后在家里相夫教子。”

“赚钱养家的女人，八字太硬。”

小时候我也经常听到大人这么说。但相比之下老一辈人的遭遇更加悲惨。家里的女孩子为了能让哥哥弟弟们上学，都要到工厂里做工。那时到被褥厂或假发厂里做工的女孩子都是为了挣钱给哥哥或弟弟上学。到了我们这一代，生活条件变好了，所以女孩子也能上高中。

那时，我们学习好的女孩子几乎都去念学习职业技能的女子商业高中，甚至超过了去梨花女子大学的人数。因为从女子商业高中毕业后就可以立刻参加工作。当时社会因为需要大量人力，所以半强迫性地对女人进行职业能力培训。

虽然女人的文化水平提高了，养家糊口的能力却依然不够。因为妈妈们不是这么教的，她们潜意识里仍然认为女人就应该嫁为人妻，相夫教子。值得庆幸的是我从母亲那里遗传了“家庭顶梁柱”的素质。我 20 岁开始工作，一直到现在还在奋斗，在世人眼里，我这样的女人就是怪人。

前不久有部电视剧，把长期工作的女人刻画成性格十分糟糕的人物。剧中的职业女性瞧不起丈夫，说话凶巴巴的，短发，只穿裤子。这部电视剧把我惹火了，因此有段时间我故意留长发，而且只穿裙子出门。

社会不承认我们养家糊口的身份，我们越是努力赚钱养家，就越是被当作八字硬的女人来看待，这实在太令人气愤了。不过现在情况已经有所好转了，人们开始称我们为Gold Miss、职业女性。

所以，现在的二三十岁女人是幸福的一代。因为你们是韩国历史上首批被承认的“女性顶梁柱”。现在的女生大学毕业后出来工作是再正常不过的。反倒是那些一毕业就结婚的人会被当成异类。唯一的问题就是，女人作为“家庭顶梁柱”，能力还是明显不足，为什么？

你为什么要工作

自谋生计者可以分为两种：“自发顶梁柱”和“原始顶梁柱”。男人都是“原始顶梁柱”，而我们女人则属于“自发顶梁柱”。两者中谁的社会生存能力与赚钱能力更强呢？答案是：“自发顶梁柱”。不仅如此，“自发顶梁柱”还远超于“原始顶梁柱”。

因为男人上班是理所当然，不需要任何理由。男人不工作会显得很奇怪。但女人上班却需要经过无数的心理斗争。如果孩子生病住院了，她们就需要马上去医院照顾孩子。如果孩子学习成绩下降了，她们就会想在家里辅导孩子学习。诸如此类的苦恼，每天不知道要重复多少次。而且工作那么辛苦，也没有人安慰自己。

到现在，还是有很多男人认为家里只要有一个养家糊口的人就足够了：

“我赚钱，你在家待着吧，省着点花就行了。”

说得倒轻松，你们也得有钱让我们省啊。

“你昨天又是夜里1点钟回来的吧。周末还出差。女人这样怎能照顾好家庭呢？”

他们总是以这种方式，将作为“家庭顶梁柱”的女人从工作岗位上逼回家。甚至还出言不逊：

“是你自己喜欢出去工作的，又不是我逼你去工作。”

所以为养家糊口而奋斗的职场女性，总是不断地在追问自己：为什么要出来工作。长此以往，不产生免疫力是不可能的。

在我从事企业培训的过程中，遇到的男性负责人几乎异口同声地对我说：

“女人的职场意识太薄弱了，请给她们好好培训一下。”

你猜我是如何回答他们的？

“你跟你隔壁桌的女同事谁的职场意识更强，你敢不敢比一比？你上班无牵无挂，但她每天都不停地在问自己为什么要出来工作。你觉得你跟她，谁的职场意识更强呢？”

从23岁到48岁的25年间，我每天都在工作，没有休息过一天。我的丈夫和我相比，谁的职场意识更强呢？我可以很骄傲地说，我比他强100倍。他出去工作，就像和朋友去首尔富人区江南玩一样，朋友都上班，所以他也上班。相反，我的女性朋友中几乎已经没有人还在工作了。

我属于仅剩的1%。女人到了48岁，没有几个还会留在职场。我的朋友们也认为自己待在家里是理所当然的。而我呢，一边工作，一边还要不停地解释我为什么工作。不仅要向我的朋友解释，还要向我的丈夫和孩子们解释。我非常清楚和坚定我工作的初衷。我认为没几个人能拥有像我一样透彻的职场观念。

如果你们也想成为“家庭顶梁柱”，那就每天问问自己工作的初衷，让自己变得更加坚定。当然，在这个过程中难免会遭遇

“埋伏”，甚至在还没有遇到这样的情况之前，就有人被自己设下的心理障碍绊倒了。所以，如果不是孩子生病到没你不行的地步，我希望你坚持努力工作。

男人一般不会轻易离开职场，因为有妻子在后面打理家庭。无论是孩子还是母亲生病，家里发生再大的事情都推给妻子处理，自己根本不用操心。烦琐的家事全是妻子的，所以他们才能轻松扮演“家庭顶梁柱”的角色，心安理得地上班。

万一男人离了婚，恰巧妻子又是个狠心的女人，抛下两个孩子给他，这个男人就完蛋了。他会变得跟公司里的女同事一样，白天要找机会偷偷溜出去买东西，晚上聚餐也要推脱，以“重要约会”为借口跑回家看学校发的通知书。随着离婚率的升高，这样的男人越来越多。想让男人们真正变得懂事，只要把孩子丢给他们照顾半年，他们就会知道女人在婚姻生活中需要处理多少烦琐的事情。

男人结婚前后的生活几乎没有变化，生活的重心依旧是吃饭和上班。但女人呢？结婚后不但要上班，照料一家人的饮食，还要附带照顾婆家人，她们一个人要处理所有的事情。如果女人还要承担养家糊口的责任，那她们的生活就实在太烦琐太辛苦了。这样的女人让我心疼。

我从小就是以“自发顶梁柱”的心态长大的，进入大学以后，这种想法就更强烈了。实现梦想是我人生的终极目标。但结婚之后，我发现自己选择的男人和我的孩子让我的人生变得无比繁杂，甚至到了令人无法想象的程度。起初我几乎都是哭着去上班的，这换做是你们该有多难熬呀。女人们都想尽办法让自己的生活变得简单一些，最终的结果却是越来越多的职场女性不打算要孩子。

“我工作越久，世界就会变得越快。”

2010年，韩国育龄妇女平均每人的生育率为1.2人，按这种趋势，30年后韩国的人口将显著下降。新生儿出生率的降低将直接导致尿布厂商和奶粉厂商生意惨淡，小学也会相继关门。不仅如此，如果情况一直持续，中学生的学习用品也将滞销，同时，劳动人口的减少会导致经济衰落。所以21世纪最有利的基础建设就是人口，各国国力之争将会是人口数量之争。

要提高出生率，就必须将女人承担的育儿压力最小化，这要国家在政策上给予支持。

“请多生孩子吧，国家帮你抚养。”

不要只是嘴上说说。比如幼儿园，一到晚上就拼命打电话催女人去接孩子。既然已经帮忙照看孩子了，那就干脆24小时都帮忙照看好了。让女人也参加一次公司聚会，这样才有机会升职。不要总是刚坐下就惦记着什么时候走：

“我吃完饭就得先走了。”

哪怕稍微晚一点点，幼儿园都吵着要女人把孩子接回去。有时女人还不得不为此跟丈夫大吵一架：

“不是说好今天你去接孩子的吗，怎么回事啊？”

男人们偶尔还会故意关机，说自己手机没电了，你看看他们多可恶。为什么连这种烦琐的事情都要女人来承担？

解决方法当然有，让孩子在0~6岁由国家无偿进行抚养，这些花不了多少钱，把用来盖市政府、区政府大楼的钱省下来就足够了。人手不够？五六十岁的大婶们天天都在桑拿房里待着呢，桑拿房晚上11点钟的时候简直人满为患。她们都是因为无事可做才到那里去的。如果一个月付给她们三四千元工资，让他们去照顾像自己孙子孙女那么大的孩子，她们会非常乐意的。多创造点就业机会，不要光想着挖地盖楼。

最近幼儿教育专业的人不是就业难吗，不妨把他们召集起来。如果国家的育儿机制完善了，生育率自然就提高了。否则就算你给她们5000元，现在的职场女性也不愿意生孩子。

企业也应该尊重和重视女性员工。女性心思缜密，拥有兼顾多方面的能力，如果想占领感性市场，女性员工是必不可少的。企业老板自己虽然也这么说，但公司的构造却一点都不够感性化，更别提给女性足够的人性关怀。很多公司都没有育儿室，怀孕的女性容易疲劳，公司却连个午休时间都没有。

不过最大的问题还是没有幼儿设施，每个公司都应该具备起码的幼儿设施。小区内的幼儿设施可以帮小区内的个体女老板们照看孩子，公司也应该具备帮女职工照看孩子的幼儿设施。这样一来就算你叫她们辞职，她们恐怕也不想走了。企业应该把这些问题纳入投资范围，而不是光想着赚钱。不过，现在越来越多公司开始投资设立幼儿设施了。

是谁让企业从根本上改变意识的呢？是那些面对各种情况却仍坚守工作岗位的女性们。职场女性都是斗士，等她们变成了副经理、经理之后，就会用自己的权力为女性职工谋福利。当女性成为企业高管时，公司的整体氛围就会发生改变，因为她们会代表所有女性员工说话：

“为了后辈们应该要这么做。”

只有这样公司才会改变，所以你们应该给那些艰苦奋斗在职场中的前辈们颁发大奖杯。

这也是我在职场摸爬滚打这么多年的一个原因。我想成为一个有担当有韧性的代表者。**如果我不去改变，那今后的世界也不会改变。**

“我工作越久，世界就会变得越快。”

以这样的想法鼓励自己，堂堂正正地以“自发顶梁柱”的身份奋斗下去！

姐姐有话说

男人是“原始顶梁柱”，女人是“自发顶梁柱”。

你想要成为“自发顶梁柱”，那就每天问问自己工作的初衷，让自己变得更加坚定。

在遭遇磨难前，决不能被自己设置的路障绊倒。如果你不去改变，这个世界也不会自己改变。

“我工作越久，世界就会变得越快。”

家庭还是工作，鱼和熊掌真的不可兼得吗

“盛夏（剩下）的果实”大行其道：“白骨精”，“白金剩女”。

她们是对单身上瘾了，还是担心没办法兼顾工作和家庭？

她曾是职场女性，后来做了全职妈妈，一度患上忧郁症试图自杀……现在她是收入丰厚的知名音乐讲师。她是怎样华丽转身的？

追求存在感是人的本能。家里有了第二个孩子，老大就会欺负老二。从前很听话的孩子会突然喜欢摔倒或弄脏衣服，这就是他在暗示你——“快来照顾我”。成年人也是一样，即使没有大成就，也希望被关注，受人瞩目与尊敬。

关键是你想从什么地方得到关注。很多女人希望得到家人的关注，于是努力在家干活：洗衣，打扫卫生，照顾孩子。但这些日常家务不过是每天重复相同的事，又怎能引起家人的关注呢？

“我去京东市场买菜，25 元的土豆，我只花了 15 元就买到了。”

妈妈们这么说，是想引起家人的关注。但谁会对这句话有兴趣呢？花了大半天的工夫做了一道新菜，家人会注意到吗？不会。他们感觉跟昨天吃的没什么两样。

“春天来了，我特意放了很多小瓣蒜煮了酱汤。”

“跟昨天在公司吃的一样嘛。”

多么令人丧气的话啊。不过在孩子小的时候，妈妈还是可以得到一些关注的。

“妈妈，我饿了。”

“妈妈，我困了。”

“妈妈，给我买那个。”

然而，等孩子长大了开始上学、上补习班，开始忙自己的事情时，妈妈们就开始出现抑郁症的症状了。

我曾经录制的一期节目《清晨的庭院》(韩国KBS电视台周一至周六早晨播放的一档电视节目，邀请各领域人士分享人生智慧。——译者注）中，有一位女性观众患有忧郁症，待在家里做一个全职妈妈并不是她想要的生活。

这是她在结婚辞职之后才明白的。以前工作时经常有人夸她优秀，工作能力强。但当时的她并不知道，在工作中得到肯定是她人生必需的营养成分。正是因为缺乏这种营养成分，她才患上了忧郁症。她甚至想过跳车自杀。

《清晨的庭院》有一个“主妇发言队”的互动环节，她继而决定在这个环节中站出来，讲述自己患上忧郁症的经历，最后还顺便唱了一首歌。终于，节目播出之后，很多人开始对她表现出前所未有的关注：

“你的口才怎么这么好啊？”

“你唱歌怎么唱得这么好听啊？”

……

这些关注渐渐升级到了受人瞩目的程度，这位观众也因此摇身一变成了一名音乐讲师。由于她的课程很受欢迎，丈夫也开始对她刮目相看，孩子也为妈妈感到自豪，周围的其他人也开始关注她。

曾因患忧郁症而一度想要自杀的人，现在却过着无比幸福的生活，还因为出名，钱也越赚越多。不满足于家庭、想要受到外界肯定的人就需要不断地努力，让自己从被关注逐步走向受人瞩目与尊敬。如果你不明白这一点，也许就会患上忧郁症，失去自尊，一辈子生活在内心的痛苦中。

有多少母亲还生活在这样的痛苦中呢？

“我都是为了你们才牺牲自己的。”

这时孩子们可能会说：

“谁让你牺牲了？”

还有的人经常会说：

“我这辈子的经历，写成书足足能写 10 本。”

这些都是她们受尽折磨的痛苦哀号。**你的人生之所以会经历痛苦，是因为你无法按照自己想要的方式去生活。**要过快乐的人生，还是过痛苦的人生，你自己选择吧。

与自己对话：倾听内心的声音

“我只要照顾好丈夫，抚养好孩子就很幸福了。”

不可否认有人这么想。既然这么想，那就应该满足于这一点，而不是在丈夫和孩子忽视自己时郁郁寡欢，毕竟丈夫和孩子终究会离开自己。丈夫如果花太多心思在家庭上，工作上就很难有所发展。如果丈夫想得到瞩目与尊敬的话，不忙碌是不可能的。而儿子长大了也会寻找自己的爱人。

如果无法继续得到家人的关注，那就想办法让自己从别的地方得到满足。你可以选择忠于自己的信仰，在教会中成为受人尊敬的执事；也可以选择做义工，帮助有困难的人；你还可以成为泡菜宣传大使，帮别人腌制泡菜。

人活着，就应该生活在不断成长的喜悦中。如果没有这样的依托，老了之后就会变得非常可怜。工作的女人即使老了也不必担忧，因为有丰富的工作经验，她们依然可以获得相应的报酬。虽然身体在一点点衰老，但职业生涯却能取得长足发展，这就是女人自尊心的来源。

如果没有依托，也没有职业，等年纪大了，身边没人关心自己，这时恐怕谁都会得抑郁症。倘若丈夫又出轨，出差一年都不回来，症状就会愈发严重。所以，我们应该一辈子都生活在挑战中，只有不断挑战才能得到关注。

结婚后的女人更应该懂得认真倾听自己内心的声音，绝不能对它充耳不闻。

“你必须回到职场才能活下去。”

如果你的内心这样对你说，那就按照它说的去做。即使因为要兼顾工作和家庭而累得痛哭流涕，也要坚持下去。

我也曾为此吃过很多苦头，跟丈夫闹过很多次。我想不单是我，恐怕无数女性都因为这个跟丈夫吵过架。

无论是从前还是现在，我丈夫下班回家后连一个手指头都懒得动。更让人气结的是，如果我说自己很辛苦，他就一句话把我顶回去：

“是你自己喜欢去工作的，谁逼你了？”

竟然说出这种话，这男人到底是我的丈夫还是我的敌人？有段时间我甚至觉得自己不能再继续“与敌共眠”了。

“我的丈夫不但不帮我，连我的人生目标都否定。”很长一段时间我都有这个想法，但我选择了忍耐。过了几年，我突然发现，原来我真的是因为喜欢才一直工作的，而且我还可以跟家人一起分享我的工作报酬。

仔细一想，我发现丈夫也是因为喜欢才工作的，如果叫他放弃工作照顾孩子的话，他一定不愿意。既然大家都是因为喜欢才工作，那么争论为谁工作，为谁赚钱这样的问题就没有意义了。而且自己辛苦赚来的薪水也是跟家人一起分享的。工作本身就是一件令人愉快的事情，所以没有必要为了博取同情而说些丧气的话。

做个“有机”妈妈

我认识的很多人仅凭家人给予的关心就过得非常快乐，这一点问题也没有，大家的价值观不同而已。那些只看表面的人喜欢把女人分为事业型和家庭主妇型，那是很幼稚的。

有些全职主妇非常厉害，她们不是去京东市场买便宜 10 元钱的土豆，而是直接去京畿道买 30 平方米的田地，自己种植土豆。有些主妇种植有机作物的水准甚至能让专家们都感到汗颜。

“韩国人吃的东西还不就那些。”

如果夫妻聚会上有人这么反驳，她们就会把自己的有机农耕知识亮出来。

“用有机农耕法种植的作物不容易生虫子。”然后把亲手种的有机小萝卜腌成泡菜分给大家吃。这种人在全职主妇中属于黄金级别。

有的妈妈不送孩子去补习班，也不给孩子请家教，而是通过培养孩子良好的学习习惯，把孩子培养成有用的人才，这也是“有机”教育。

工作的妈妈因为太忙只能给孩子找补习班，结果往往更令人头疼。而接受了“有机”教育成长的孩子，他的成长过程本身就与众不同。

妈妈亲自给孩子讲故事和随便丢一张DVD让孩子自己看，这能一样吗？我认为，懂得用“有机”教育方式教育孩子的妈妈，年薪给她55万都不算多。如果有来世，我真的很想当一个“有机妈妈”：用“有机”教育方式培养孩子。

生10个孩子，用心地教育他们。想想就觉得很棒。成功之后呢？如果有人问我是怎么教育孩子的，我就会把自己的教育方法传授给其他妈妈，成为一个时薪上万的教育讲师。**一个人如果把自己喜欢的事情认真做好，你的努力终有一天可以换算成金钱。**但有人不仅没获得金钱，连快乐都没有，最后还变得抑郁，不停抱怨自己白活了一辈子。

我得到谁的关注时会开心？

我该在哪里寻找真正的自我与存在的意义？

这些问题女人在结婚前是很难搞清楚的。结婚前急于建立家庭，往往很难听到内心真实的声音。等第一个孩子出生后，你才会开始隐约听到些什么，这时不要对这个声音充耳不闻，你应该倾听自己的心声，然后重新决定人生的方向。

把孩子当成“甜蜜的负担”吧

几年前，我去三星旗下的一家分公司做培训，公司里大部分女代理的年龄都在 32 ～ 35 岁，但她们之中竟然还有三四成人没有结婚。

是因为她们的条件不够好吗？还是工作问题？要知道，韩国只有很小一部分人才能够进入三星。因为年薪？这当然更不是问题，她们的收入一个比一个高，但她们就是不结婚。她们担心结婚之后要照顾丈夫，生儿育女，因此早早就打消了结婚的念头。

如果她们谈恋爱的话，又会是怎样的一副光景呢？忙的时候周末都要加班，这样男人怎么可能不烦：早上想吃口热汤饭都难。可笑的是，这些男人虽然心里这么想，但嘴上却说：

“女人也要做自己的事情嘛。”

“我老婆在三星上班。”

“在三星已经当上代理了。”

……

但他们仍旧希望能吃到妻子亲手做的饭菜。男人为了得到晋升的机会，早上 6 点出门，晚上还要陪上司喝酒喝到大半夜。女人难道不努力就能轻易升职？他们很清楚答案，但还是希望妻子早上 9 点上班，晚上 6 点下班，在公司还能一路高升。这就是男人的想法。女人在公司里见到太多这样的男人了，她们怎么还会想结婚呢？

再看到女上司们因为孩子操劳的样子就更不想结婚了。早上背着孩子小跑到幼儿园，送孩子上全托班。起初孩子不愿跟妈妈分开，又哭又闹，老师只好想办法分散孩子的注意力，妈妈才有机会脱身。走的时候还怕孩子看见，只得猫着腰偷偷离开。如果还是放心不下，就从门缝里偷偷看一眼。丈夫呢？他们才不会帮忙呢。

我认识一对夫妻在韩国现代公司上班，两个人都是博士。但男博士每天早上优雅地出门上班，女博士却要把孩子送进幼儿园，然后猫着腰出来上班。即使是从国外留学回来的女博士，她的苦恼也跟普通妈妈的一样：

“都做到这个份上了，还有必要继续上班吗……”

上司们过的都是这样的生活，看在眼里的下属们哪还有勇气结婚。这位女博士曾经就她的问题找我咨询。我记得是8年前，我去她的公司做为期三天的女性领导力培训，但培训途中却上演了只有电视剧中才会出现的一幕场景。接受培训的女职员们突然开始抽泣，随后所有人哭成了一片，眼泪中满满的都是她们内心的怨气和委屈。培训结束之后，她们拉着我不放我走，最后我实在没办法，就给她们每个人都做了心理咨询。这个女博士问我她应该怎么做时，我给出的回答非常简单：

坚持下去总能看到希望。有工作方向和理想，你就比很多人都幸福。

“硬撑着。等孩子长大些，他就会在你上班时对你说‘妈妈一天工作顺利哦’。在这之前你只能硬撑着。”

那位女博士一直咬牙硬撑了下来，现在升职了，工作一帆风顺。孩子也非常懂事。

妈妈是女儿的一面镜子

即便是小时候摔倒会自己爬起来的女人，人生中也很可能会碰到一个过不去的坎。那往往就出现在孩子念初二的时候，那会是女人最容易放弃工作的时期。孩子的成绩单发下来了：天啊，全班第 25 名？想当年自己念初二的时候，几乎包揽了全班的第一第二，儿子竟然才第 25 名？相比之下，那些全职妈妈的孩子成绩却都很好。她们不禁会想，难道是我耽误了孩子吗？

于是捶胸顿足地递上辞呈，然后向那些全职妈妈献殷勤，希望从她们那里得到更多信息。以后孩子的补习班简介会每场必到。

我认识一个在外企营销部门工作的人，她本人非常聪明，只要再坚持一段时间就能成为公司的高层。当时她才 43 岁，可惜却因为孩子的学习问题而不得不放弃了自己的职业生涯，然后像那些全职妈妈一样，到处听孩子的补习班简介会。

然而，补习班简介会上所讲的内容她一点都听不明白。就读职高需要准备什么，如何被首尔大学、延世大学、高丽大学（这三所大学都位于首尔，是韩国大学排名中靠前的高等学府。——译者注）这样的高校所录取，这些高考战略听起来非常复杂，而且就像数学公式一样科学严谨。虽然她在商业方面头脑灵活，但在孩子教育方面却总是转不过弯来。当她回家把这些复杂的内容给孩子讲了一遍时，你猜孩子怎么反应：

“妈妈，还是去做你擅长的事情吧。”

于是她按照孩子所说的，休息了一年之后重新就业。结果连她的儿子也不禁感慨道：

“我妈果然不适合待在家里。”

在我周围，这种情况非常常见。为了孩子放弃职业生涯的妈妈们会把所有的精力都放在孩子身上。为什么？以为她们为了孩子已然放弃了自己的人生，抛弃了自己的梦想，所以她们要以孩子经纪人的身份把应得的东西都赢回来。但这样做并不是无私地爱孩子，她们这是把孩子当成了自己的事业来经营。

我就认识这样一位妈妈，她出身名牌大学，有一份称心的工作，但为了孩子的学习，她辞职陪孩子一起到美国留学。

她想将女儿培养成世界级钢琴家，于是把孩子送进音乐学院。她的女儿也非常听话，再辛苦再累的练习都坚持下来了，后来还在美国知名的剧场举办过大型音乐会。她很为她的女儿自豪：

“这是我放弃了自己的人生而培养出来的作品啊。”

她急于向世人炫耀自己的作品，准备将孩子培养成像大提琴演奏家郑明华一样的世界级音乐家，而自己则成为她的经纪人。

然而，女儿在遇到意中人坠入爱河之后对她说：

“因为妈妈，我虽然很累也硬撑着，但这并不是我真正想做的事情。”

终于，女儿结婚生孩子后，也成了一位全职妈妈。为此她感到伤心欲绝，好像天都要塌下来了：自己多年来奔波忙碌，到头来女儿竟然要过和自己一样的生活？

多么悲伤的剧情啊。为了女儿付出了一生的心血，最终什么都没得到，心里愤愤难平。好在那位妈妈如今在一家保险公司做财务顾问，过得非常开心。55 岁的人，工作热情却丝毫不输于年轻人。前不久，她这样对我说：

“我没什么遗憾了，因为女儿现在过得很幸福……但如果当初我能展现给她一个职场妈妈的形象，也许她就不会中途放弃了。”

如果你不想孩子将来走你的路，先活出自己吧!

“我要比妈妈更成功”

如果妈妈放弃了自己的事业，女儿也会做出同样的选择，因为女儿长大了也会有跟妈妈一样的苦恼：

“我追求自己的事业，会不会耽误了孩子。”

然后放弃自己的事业，成为孩子的经纪人。结果经纪人只能培养出经纪人，最终形成恶性循环。这样的循环必须有人来打破。

我做到了。儿子今天期中考试，但我出来工作了。我相信他可以做得很好，即使没有我在身边，他也可以找到解决问题的方法。19 岁找不到，25 岁一定可以找到。比别人晚一些有什么关系？比别人多经历点磨难又有什么关系？自己经历磨难找到的路，一定会更珍惜。

“我们家孩子上职高了。”

“我们家孩子考上首尔大学了。”

“我们家孩子出国留学了。”

经常听到妈妈们这样说，我却不以为然：那只是孩子经历的一个过程，离结果还差得远呢。完成学业后进入社会，在磨炼过程中依然能够笑傲江湖才是最重要的。评价一个人应该是从这个时候开始，按照年龄来算，应该是从 35 岁开始。

我女儿的梦想是获得比我更大的成功。因为她看到了妈妈的成功，并在此基础上形成了她自己的梦想：

“我要比妈妈更成功，而且还要生三个孩子。”

她能这样想，我感到无比欣慰。因为她从小就看到我是如何工作和生活的，她也以此为标准制定自己的目标。我把自己的人生最大限度地展现给她，绝对不允许“连环经纪人”这种恐怖的事情发生在我女儿身上。我必须打破这种恶性循环，否则我能教给女儿的只有如何当一个经纪人。只有我先活出最真实的自己，女儿才能按照她的想法认真生活。

职场女人的人生是一场“K-1”搏击比赛，只用手是远远不够的，你得用全身去战斗。我相信我的女儿也会成为一位优秀的“K-1”搏击选手，因为她看到了妈妈是如何战斗的。如果你也想培养出优秀的孩子，那就自己先做出榜样，让他们看一看你是怎么在这场“K-1”搏击比赛中 K 掉这个世界的。

姐姐有话说

人活着，就应该生活在不断成长的喜悦中。如果没有这样的依托，老了之后就会变得非常可怜。工作的女人即使老了也不必担忧，因为有丰富的工作经验，她们依然可以获得相应的报酬。虽然身体在一点点衰老，但职业生涯却能取得长足发展，这就是女人自尊心的来源。

结婚后的女人更应该懂得认真倾听自己内心的声音，绝不能对它充耳不闻。

如果妈妈放弃了自己的事业，女儿也会做出同样的选择，因为女儿长大了也会有跟妈妈一样的苦恼：

“我追求自己的事业，会不会耽误了孩子。”

然后放弃自己的事业，成为孩子的经纪人。结果经纪人只能培养出经纪人，最终形成恶性循环。这样的循环必须有人来打破。

聪明做事，果断持家

你正在主持公司一个重要的活动，家里突然打电话说孩子生病了，怎么办？

婆婆喜欢你吗？热播的电视剧都是关于“婆媳关系”的话题，“婆媳经”真有那么难念吗？

有这么一种女人，她们是“走钢丝的能手”：一手事业一手家庭，当一边失衡险象环生，便来个漂亮的翻身，权衡之间又是一副悠然自得。

未婚的女孩子管好自己和男朋友就可以了，但已婚女人要管的事情就太多了，而且繁杂：孩子生病、婆婆生日、公公忌日、亲戚生日等。

我的姐姐是全职主妇，但比我还忙：陪妈妈购物、到小区事务所开印章证明、去孩子的学校做义工。全职主妇因为家庭琐事，365 天的日程都排得满满当当。但职业女性可不能把家庭日程表带到公司来。

几年前，我们为了庆祝公司成立，约好举行一次为期三天的研讨会。工作日举行会影响工作，所以定在周末。但公司有三四个女职员说自己有事不能去（婆婆生日，家中祭祀等）。

我非常生气，当着她们的面说：

“我给的钱比你老公的薪水少吗？你不是说你赚的比他多 30% 吗？怎么你的工作就比你老公的低一等啊？你老公的公司是公司，我们公司就不是公司了吗？如果是你老公的公司庆祝公司成立去研修，他会说因为丈母娘生日去不了吗？他肯定不会。难道你的工作就这么不值钱吗？”

我是跟你这个人工作，而不是跟谁的老婆工作。我为什么要给别人的老婆发工资？既然你那么在意家里的事情，就去跟你老公要钱，来公司做什么？我只想跟你工作，而不是跟谁的老婆工作。但我绝不会否认女人妈妈的身份。

我们公司的女同事占了大部分，我通常都比别的公司更照顾女职员的感受。因为我自己也经历过，所以知道家庭日程表中有一些内容是绝不能错过的。有的学校在午饭时间需要学生妈妈拿着绿色旗子站岗，看到妈妈举着小旗子，孩子们才能安心吃饭。这个时候如果别的妈妈去了而你却没有去，孩子会很伤心。这种情况你们大可以放心，我绝对不会反对。

家庭日程 VS 工作日程：合理安排

一天，我把公司的员工召集起来开了一个“日程会议”：

“大家把自己的日程表拿出来。然后根据个人情况将日程表上的事情分为‘1’‘2’‘3’三个等级。第3级的事情可以直接忽略。第2级根据实际情况，去不去都行。第1级是非去不可的。”

这样一来，没有多少事情可以排上第1级。在我的日程表中连祭祀都属于第3级，婆婆家几乎所有的祭祀我都不参加。结婚前已过世的人，我连面都没见过，有什么好悼念的。不过公公的祭祀是一定会到的，因为我心里有对他的思念和关于他的记忆。婆婆的生日我也一定会参加，但时间上可相对灵活一些，不一定非要在生日那天聚在一起吃饭。我通常提前一个月预定好聚会时间，一般是婆婆生日前的星期天，这样时间安排上就很灵活了。

还有一件事情是必不可少的：儿子的生日。这是无论如何都要帮他庆祝的。我的家庭日程表一般年前就写好了。第一件事是女儿的高考，这个如果忘了就麻烦了，于是我在客厅的日历上做了一个大大的标记。做妈妈的人，总不能在女儿高考这一天因为工作先走吧。

仔细掂量过后，家庭日程中可以排第一位的事情一整年里也没有几件。而且，为庆祝公司成立而举办的研修活动一般提前几个月就开始筹备了，难道还不能把时间调整好吗？

职场女性应该合理安排家庭日程与公司日程，不允许两者间有任何冲突。如果这种事情重复发生，就会被领导记在心里，他们会认为你是一个把家庭放在公司之上的人。一般来说，如果出现两次这样的情况，你基本上就可以收拾东西走人了。

当那个员工说因为婆婆的生日而不能参加研讨会时，我的脸色就已经很不好看了，但我心想，再看看吧，结果没过多久就证实了我的想法。她说公公婆婆刚从国外旅行回来，一定要在家做好饭等他们。于是我下定决心：她早晚是要送回家的。

对于女人来说，感情和事业是可以协调的；如果两者不能协调，那不是感情出了问题就是事业出了问题！

就连同为职场女性的我都不能理解，那些男上司怎么可能理解？他们去学校举过旗子吗？他们给孩子配过餐吗？他们凌晨四点起来去幼儿园排队帮孩子报过名吗？没有。所以他们当然没有办法理解了。如果你想好好工作的话，就把家里的事留下十分之一，其他统统取消掉。没有这个勇气？那么拜托你待在家里好好料理家事，做一个老公疼爱婆家喜欢的好媳妇，没必要到公司来苦苦辩解。

既然想成为一名职业女性，那就应该在公司做事聪明伶俐，在家里勇敢地争取属于自己的时间。虽然一段时间会跟老公闹别扭，但胜利不都是要靠斗争争取来的吗？没有什么是不劳而获的。如果你不是打算工作几年就辞职，而是要干十年、二十年，那就尽快结束战争，取得最后胜利。不要傻傻地跟老公打拉锯战一打就是好几年，一开始就必须取得胜利。

当你的工作蒸蒸日上时，当你的团队需要你的带领时，你却因为某某的生日或某某的祭祀而缺席，那岂不是太丢人。到了这个水平,你应该把所有的事情都安排妥当。看看那些“女白骨精”，她们都已经赢得所有战争，不再为家庭琐事而苦恼了。如果你现在还在为这些事情辩解和挣扎，那你就没有资格继续留在职场。

给婆婆喜欢你的理由

职场女性要学会以公司日程为主，合理安排家庭日程。在这个过程中你会获得勇气，掌握有效处理家庭琐事的要领，培养分辨事情轻重的能力。女人只有具备了这些能力才称得上是合格的职业女性。一名称职的职业女性无论公事还是私事都应该做到无可挑剔。

你会得到男下属们的尊敬：

“哇，工作狂家里的事情也做得那么漂亮……这个部门经理不是白当的。”

家人也会这样看待你：

“你赚钱够辛苦的了，还能处理好家里的大小事情，实在是太厉害了。”

这是如何做到的呢？家中的大事和绝对不能缺席的场合一定要早早到场，只要迟到一次，你之前所有的努力都会被归零处理：

“妈妈，对不起，我来晚了。”

一下子你就矮了一大截。所以处理重大事情时，千万不能犯糊涂出错。

在我的家庭日程表上，婆婆的生日是必不可少的，每当她快过生日时，我都会抽空带她去一趟商场。以前经济条件不好时，我用12个月分期付款给她买了一套她这辈子都没穿过的名牌套装。那套衣服她穿了整整十年，到处跟人炫耀是儿媳妇买的。等那套衣服的效果快用完时，我又送了她一个鸟蛋大小的珍珠戒指，她又继续跟人炫耀这是儿媳妇买的，而且这个戒指的效力相当持久。而我之前给她买的十几件几百元的连衣裙，她似乎一件都不记得了：

“她净买些款式奇怪的衣服给我。”

那些廉价的连衣裙都被她压了箱底，一个戒指却被她牢牢记在心上。零零碎碎给她买十几件衣服的总钱和12个月分期买戒指的钱其实差不多，但效果天差地别（我的经验之谈）。

只要你每次都给她下剂“猛药”，在她的印象中，你就是一个家中大小事务都处理得当的好媳妇。而且婆婆们通常都喜欢会赚钱的媳妇，但如果赚钱的媳妇比不赚钱的媳妇还小气，那就招人厌了。偶尔送点大礼是必要的，关键是要找到适合自己的窍门。腌泡菜这件事也可以爽快地从日程中除掉。在腌泡菜的时节，有一次我接到婆婆的电话：

“孩子啊，到腌泡菜的时候了，你怎么打算的啊？”

“妈妈对不起，我不能过去了。天哪，您一个人怎么腌得了50棵泡菜？”

这样说完后，等到去婆家拿泡菜时要这样说：

“哎呀，这要是花钱买的话怎么也得几千块吧，而且这么好吃的泡菜我上哪儿买去啊。”

于是到了第二年腌泡菜的时节，我再给婆婆打电话，对话就变成了这样：

“孩子啊，你那么忙过来做什么？三天以后来拿就行啦。”

有一点是你必须铭记的，你有需要配合婆婆的地方，婆婆也有需要配合你的地方。让婆婆明确了解她需要配合你做些什么，也是你必须要做的事情。如果婆婆做不到这一点，反而在关键时刻瞎掺和，搞得夫妻关系紧张甚至闹到离婚的地步，这都是你的错。你应该竭尽全力让婆婆“懂事”起来。婆婆再怎么嫌弃媳妇也有个限度，等年纪大了没精力了也就不会嫌弃了，你再辛苦总能等到她妥协的时候。

偶尔会看见一些媳妇每个星期都到婆家打扫做饭。如果是发自真心地孝敬老人，那么没有问题。但如果是被硬生生拖去的，你就必须尽快找到一个解决方法，奋起抗争也好，妥协也好。为什么要一拖再拖，最后闹到非离婚不可的地步？你应该尽早明智地解决问题。

前面也提到女人结婚后，生活必然会变得复杂。女人无法像男人一样过得那么轻松潇洒，而如果你把事情复杂化，它就会无止境地复杂下去。我们应该学会把复杂的问题简单化。

“没错，我结婚了，怎样？我生孩子了，怎样？这跟我的工作有什么关系。”

如果你能这么想，你就已经拥有处理这些问题的能力了。随着时间的流逝，你的功力也会渐深，事情就真的变简单了。**人生要看得长远，如果只看明天，那么问题就是复杂的，但如果再想远一些，一切就会变得自然而然了，这就是我们的人生。**

姐姐有话说

职场女性要学会以公司日程为主，合理安排家庭日程。在这个过程中你会获得勇气，掌握有效处理家庭琐事的要领，培养分辨事情轻重的能力。女人只有具备了这些能力才称得上是合格的职业女性。

女人结婚后，生活必然会变得复杂。女人无法像男人一样过得那么轻松潇洒，而如果你把事情复杂化，它就会无止境地复杂下去。我们应该学会把复杂的问题简单化。

Team Spirit 成就优质 Office Lady

你是每天一到点下班就关电脑，呼啦啦地急着往家赶吗？

即使没什么特别的事，也不参加公司的活动、聚餐或庆功会？

职业女性要步步高升，成绩优秀、会说几国语言、聪明伶俐、做事干练还不够？

职场上也讲“哥们义气”？如何把男上司和男下属都变成“自己人”？

女人要在职场中立足，就必须改变“聪明就能笑傲职场”的想法。在工作中，一个人的聪明才智只能解决1%～2%的问题，剩下的要靠同事之间的“战友情”和团队合作才能解决。如果你不能最大限度地学习他们的长处，并与之合作，恐怕你在职场中撑不了几个月。世界上真正优秀的领导者都懂得与人沟通，将每个人各自的优点最大限度地发挥出来。只知道炫耀自己能力的人绝对无法成为最后的赢家。

女人最大的问题是什么：大部分女人以为只要发挥自己的长处就可以了。其实这是很大的误区，当然这也不能完全怪我们。女生从小就很少有机会感受合作的重要性。上小学时，只要努力学习就可以了，一直到高中、大学都是如此。我们唯一需要做的事情就是努力学习考第一名。游戏规则非常简单，即使在大学，只要乖乖听教授的话，然后一个人在家拼命学习，不需要任何人的合作与帮助就能拿到高分。

展现你的“战友情”

但在职场中几乎不存在仅凭个人能力就可以完成的工作。公司做项目成立团队时，组员们能否发挥团队精神非常重要。你不仅要有吸取他人长处的能力，还要有弥补他人缺点的能力，否则很难在职场立足。而且上司一般都是男人，很少有女上司。男上司对女下属通常都很苛刻。

他们对女下属有一个共同的偏见：无论她们在学校成绩多好，会说几国语言，有一点他们认为女下属是很难做到的，那就是“战友情”。男人认为女人是不会有“战友情”的，事实上也确实没有。你根本没有什么机会去展现自己的“战友情”，不是吗？

假设我们部门的项目完成得很好，领导提议去聚餐。

“今天大家有时间吗？一起去聚餐吧。”

他虽然说得十分豪爽，但其实还是怕没有人回应，所以小心翼翼地观察大家的反应。这就是验证“战友情”的绝佳时刻。他问这句话的意思其实是：为了加强大家的团队合作精神，交流感情，即使今天晚上有约会，也最好推掉，跟大家一起出去聚聚。

男人们在部队的时候有许多类似的经历。他们深知共同协作的优势。行军时因为害怕而不敢前进时，他们必须服从命令继续前进。行军结束时，十几个人抱在一起欢呼：“我们做到了！”他们经历过那种喜悦，所以对于领导的提议，男人们一定会举双手同意。

但女人们并没有类似的经历。即使没有约会或其他特别的事情，她们还是宁愿回家；结了婚的女人就更有牵挂了：

“我要去接孩子。”

然后一个个都否定了聚餐的提议。

“那就不管女人们了，我们自己去。”

于是男人们把约会推掉，然后一窝蜂去玩了。

你知道聚餐上会发生什么事情吗？团队工作中，难免会因为彼此立场不同而产生矛盾。

“这个好像不太对吧。”

“这完全不像话嘛。”

工作中很多时候都会有争执，因为只有不断提出反对意见才能提炼出更好的想法。然而争执难免会造成感情上的冲突，什么时候化解和稀释这些矛盾呢？聚餐就是绝佳的时机。

“臭小子，把我刚才说的话都忘了吧……（一边说一边拍他的背）”

“大哥，这件事是我该骂。这次又跟您学了一招（熊抱）。”

“哈，你这声‘大哥’听着可真顺耳啊（打饱嗝）。”

炙热的“战友情”就是从这里开始的。白天在公司里斗得你死我活，晚上就到这里缝合伤口。而女人们总是缺席这样的场合，而且缺席的通常都是自认为做事利落、处事伶俐的人。那些晚上一起喝酒、彼此“称兄道妹”化解矛盾的女人，和聪明伶俐的女人相比，哪种更讨人喜欢呢？其实，在职场上只靠彼此交情就可以解决的事情不计其数；一个人腹背受敌，需要依靠彼此来克服困难的事情也不计其数。但那些一到点就下班消失的人，在上司的眼里也只是白天上班的“兼职生”。

而且你以为餐桌上只有“战友情”可以交流吗？公司的一些重要信息也会在餐桌上透露：

“大家都喝一杯，我说个事情，这次公司要送一个人去美国读MBA。这件事虽然应该等到大家都在的时候说……不过你们想去吗？”

“大哥，我们都很想去啊。但从我们三个人中选的话不好决定啊。我们就让给金大哥吧，他已经结婚了还有孩子，趁这个机会让孩子去学学英语一举两得嘛。”

就这样，他们私下就把这个事情给定了。虽然是在酒桌上的对话，但领导说出口的话也不好意思收回。当然托福、GMAT分数都很高的女人们肯定会抗议。这时领导就会说：“不能光看成绩，还要看一个人的综合能力。”说到底聚餐也是一种能力。

比工作更重要的能力

做好自己的本职工作是理所当然的，但还有一项能力是必备的：**一边与同事建立坚实的“战友情”，另一边懂得安慰受伤的上司。**

你的上司并不是八面威风，他们也经常被公司高层批评，因此安慰上司也是一种能力。白天大家一起拼命工作，晚上一起吃顿饭缝合彼此受伤的心灵，第二天又可以开开开心地一起工作，这也是一种能力。这些都是开发领导力必经的过程。女人们总是缺席这个在领导力中非常重要的课程。而这个课程通常在晚上9点以后开课，女人却只上白班。要知道，如果缺了这堂课，你很难在职业生涯上有所发展。

“我也想去，可要去幼儿园接孩子，我能怎么办啊？”

女人也许会为难地向我诉苦，我当然理解你的苦衷。但你可以把孩子交给娘家或婆家照看，哪怕一个月只有一两次。我不是要你参加所有的聚餐，那些讨厌回家的部门经理随口提出的聚会要求不用理会。但当你所在的团队取得某些成果，需要一起庆功时一定不要缺席。

总是缺席的人会被其他人在心里上列为例外。男人们不是常说嘛：“女人除外。”这句话不仅在工作上把女人排除在外，彼此的心里也产生了隔阂。这在职场上是非常危险的。

缺席重要功课，如何能成为组织领导？所以很多女人的职业生涯到主任就止步了，因为从部门主管开始，工作之外的能力远比工作能力更加重要。

工作交给下属做就可以了，但缝合下属内心的伤口，让他们心情愉快地工作，发挥长处，改正缺点，更好地融入到团队中，这些才是部门主管以上的管理者的主要工作。代理只要管理好自己就可以了，主任管着五六个人，如果下属犯了什么错误，就需要在晚上进行“培训”。

男上司经常对下属说：

“最近有什么事情吗？晚上一起喝一杯吧。”

这看起来与工作无关，是吗？不是的，这是跟工作一样甚至比工作更重要的事情。但女人从新人开始就一直被“排除在外”，试问如何能获得升职的机会？而且即使你得到晋升，谁又愿意在这样的女上司手下工作呢？

我们部门的女领导信息闭塞，聚餐从来不参加，什么都不知道。她比我这个代理知道的还少。在这种领导手下做事，我是疯了吗？在她手下像小岛一样到处漂，最后干脆变成一座“无人岛”？事实上“无人岛”上都是主任，谁都不愿意去陪她们，结果公司只能安排她们去做一些能独自完成的事情，升职就别想了。

学习成绩好，做事干净利落，那又如何？你最该做的事情没有做好。只靠聪明的头脑是无法晋升的。若认为聪明就行了，不付出任何努力，上升的空间只会越来越小。但女人死都不肯承认是自己不对。

我认为这是一个天大的错误。在我的公司里，副院长以上的等级除了企划能力之外还应有“缝合能力”。工作过程中职员之间难免产生矛盾：工作再辛苦我都能忍，可这个人我实在忍不了了，有他在，我不干了。每个团队都有一两个这样的人，请这些人吃顿饭，帮他们彼此缝合伤口，这就是实力。不久前，副院长来找我。

“最近同事们因为活动的事情累得够呛。如果您同意的话，我想星期五晚上五点左右带同事们去环境好点的餐厅吃顿饭，您意下如何？”

我当场就把信用卡给他，让他好好请他们吃一顿。这就是公司高层的角色——懂得在合适的时刻带下属们出去吃饭的管理者。这种人才是我真正需要的，否则就算他工作再优秀，我也犯不着给他公司高层的丰厚年薪吧。

别让自己成为集体的“例外”

有些人拿着公司高层的年薪，却每次聚餐都借口照看孩子缺席；公司员工一起去为期两天的郊游，她说婆婆做寿不能参加。既然有那么多人要照顾，怎么不待在家里，却出来上班？

既然出来工作，就要有集体意识。

“你们自己去团结好了，我自己的事情自己处理。”

既然你这样想，就证明你从来没有把自己算在集体里面。一个不属于集体的女人凭什么管理集体呢？

男人世界里的某些东西女人需要学习。女人常说“男人太卑鄙”“你看看他们拍马屁的那副样子”，但他们每天都在努力巩固集体，为了集体的存在他们牺牲了多少。这都是女人应该知道和学习的。

如果公司跟以前相比有所成长，则大部分都是集体创造的成果，绝不是某一个人的努力。如果公司里 90% 以上的人都像你一样白天自顾自努力工作，从来都不参与到集体中，这个公司会变成什么样子，公司还会有发展吗？

所以男人们才会说出这样的话：

“我讨厌这样的女人，虽然这些女人大多都是主任以下的。我们喜欢知道什么是‘集体’的人，因为事情还是要靠‘集体’去做。”

女人要明白一点，如果想要成为集体的一份子，你就要看丈夫和孩子的脸色孤军奋战。但我们不能总像孩子一样为自己辩解，我不是让你对家里的事情撒手不管，参与重要的活动就可以，千万不可以被“集体”排除在外。

你所不知道的40岁男上司的“软肋”

女人想要在以男人为中心的组织中生存下来就要研究男人。不要总说“男人有什么好”。你们应该时时刻刻观察：男人在想什么，男人为什么会这样做。女人应该学会融入男人的组织，并制定周密的生存计划。

生活中我遇到过很多为这个问题苦恼的女人。我的答案只有一个，那就是把男人看做研究对象，像写论文一样去分析他们的行动，剖析他们的心理。

我曾经花了很长时间专门研究男人，因此对40岁左右的男人几乎无所不知。我能看穿他们任何一个小动作。现在，我要开始透露“天机”了，你准备好笔记本了吗？

第一，40岁的男上司没什么钱。女人们必须知道这一点。假设你现在是35岁，职位是主任，男上司的年薪是你的两倍，他一定比你有钱吗？不一定。他家里可能有一个读高中的孩子，一个读初中的孩子，还有老婆。现在供一个初中生和一个高中生读书，开销可不是一笔小数目。所以男上司连件像样的衣服也买不起，钱都是老婆攥着，每天只能揣着五六十元出门。这样算起来你的零花钱可比他多多了。虽然他们职位高，头衔大，但口袋里其实没多少钱。

女职员们总是理所当然地认为吃饭就要由职位高的人买单。部门经理、主任、代理和职员一起吃饭，所有人都认为该由部门经理买单。而且现在外出就餐很少有公司报销的，都要自己掏腰包。饭后，女职员们赔笑脸说一句“经理请客好好吃哦”，然后拍拍屁股就走人了。你不知道那背影在他眼里有多么可恨。你太傻了，其实这正是你收买他的大好时机。你应该趁这个机会对囊中羞涩的经理说：

“经理，前几次都是您请客，这次我来请吧。”

然后抢先买单。你要明白有钱就有权利。如果主任请部门经理吃饭，某种程度上主任就与部门经理平起平坐了。

“经理，我来付钱吧。”

“你哪儿来的钱啊。”

虽然他们嘴上这么说，但心里却松了一口气：钱包保住了。

部门经理因为请客吃饭可没少被老婆数落，而公司那么多的女职员中你是唯一肯掏钱的人，你会因此获得他对你的肯定，以及更大的权利。

“她既懂得人情世故，又知道怎么和男人打交道，这次的事情就交给她好了。”

他会对你另眼相看：你不是一个只知道蹭饭的小职员。其实在家里也是一样的，如果你一直向父母要零花钱，你就是个孩子。如果你自己赚钱补贴学费，你就是大人。经济独立是一个人成年的标志。事实上，男上司们不知道有多痛恨那些只知道蹭饭的女职员。事后明白这个道理才后悔莫及的女人我见多了。

“哎呀，早知道就好了，请他们吃顿饭也花不了几个钱。”

但问题的关键不是她们舍不得花这个钱，而是她们理所当然地认为应该由男上司付钱。女人平时跟朋友出去吃饭，也会自己掏钱请客，但在公司就变成了一只铁公鸡，这就不对了。

不仅上司如此，老板也是同样的道理。有一次我和公司职员一起吃饭，忘记带钱包了，有个职员说他请客帮我把钱付了，我立马就对他刮目相看。如果这顿饭值200元，那么日后我会还他2000元。所以如果你请部门经理吃饭，他也会觉得对你有所亏欠，这是一种称不上贿赂的贿赂。日后即使无法直接给你钱，他也会用别的形式回报你。所以你应该要积极地请老板吃饭。

我认识一位企业的董事长，住在江南区的高级公寓，一身名牌，似乎什么也不缺。但有一次我需要送他礼物，以感谢他一直以来对我的照顾。给一个那么有钱的人送礼，这让我苦恼了很久。这时我想起了他穿的那双拖鞋。虽然他从头到脚都是名牌，但脚上的那双廉价拖鞋却让他看起来像乡下的五金店老板。于是我去澳洲旅行时给他买了一双羊毛拖鞋，回来后还写了一封信一并转交给他，他对这份礼物非常喜欢。有钱人就什么都不缺了吗？如果你留心观察怎么会没有东西可送呢？所以你也要留心观察你的男上司，也可以偶尔送他们一份小礼物：

“给老公买的时候顺便多买了一双，不知道合不合您的心意。”

即使只是一双袜子，也会令他们感动不已。这就是所谓的“心理漏洞”，只要找到了这样的漏洞，你就找到了升职的机会。

第二，男上司们非常孤单。他们回到家时，孩子们都忙着学习，根本不拿正眼看他，有两个儿子的更是如此。老婆更是忙得不见人影，周末还跑去跟朋友聚会，他得自己做饭，这是一个男人最孤单最寂寞的时候。

男人们随意拿出几个摆在最显眼位置的小菜，还懒得装到盘子里，直接放在保鲜盒里吃，一顿饭就对付过去了。无论他们在公司职位多高，回到家都是这副样子。

而且，男上司在员工那里也常常不受待见。他说，“晚上一起喝一杯吧”，男职员说自己约了女朋友。他说，“晚上一起聚餐吧”，男职员可能又会说，“这种事情您要早点讲嘛”。对女职员就更开不了口了，男职员尚且如此，女职员能好到哪里去。

那些下班之后不回家，像只丧气犬一样傻待着的男上司们，都是心里有事的人。说不定刚被老板训了心里正难过着呢，下属们怎么能丢下他一个人走掉呢？但现实是，所有人都瞬间消失得无影无踪了。

“经理，今天心情不佳吧？一起去喝杯啤酒吧，我请客。”

这时如果你能站出来，说一句窝心的话，他怎么可能无动于衷。其实坐上部门经理这个位置后，再想往上爬就难了，因为越往上路越窄。部门的效益和做事的成果是他晋升的重要决定因素。他拼命逼着下属努力工作也是出于这个原因，但他又拉不下脸向你们请求帮助。在这个时候你请他吃顿饭、喝杯酒，他就会认为你是最了解他处境的人，把你看做最忠实的下属。事实上你只比别人多付出了5%的努力，就让他觉得欠了你一个大人情。

放下“清高”的姿态，融入到集体中去，升职只是一个时间问题。怎么做？那就从你每天对同事主动微笑着 say hello 开始吧。

而且如果你有本事的话，你大可不用像男职员一样陪他喝到凌晨一两点，就可以把他变成自己人。日后如果公司有晋升的机会，或海外研修的名额，他第一个就会想到你。

有时候身为女人也是有好处的，每个公司都有自己的“心理配额制度”。

“只送男职员去海外研修，女职员难道不会有意见吗？”

“让五个男职员升职了，也该提拔一个女职员了吧？”

虽然不是明文规定，但每个公司都有类似的“心理配额制度”。如果你稍微花点心思，晋升的速度就会大大提高。

“拉拢”潮男下属

男下属其实不那么好相处。现在的年轻人喜欢追求完美，一个个年轻有气魄，自我感觉良好，而且非常注重外表，他们最看不过男上司身上穿的衣服：都是老婆挑的。叫40岁的男人去购物，难度不亚于拖一头牛去屠宰场，但男下属通常都是自己买衣服。

“妈妈买的衣服怎么穿得出门啊，一点都不时尚。”

男上司们穿平角内裤，他们穿CK内裤，背单肩皮包，光脚穿滑板鞋来上班。在他们的世界里，自己就是时尚。

他们讨厌男上司领带上沾的泡菜汤，讨厌他们与西装完全不搭的皮鞋。上司偶尔穿一次休闲装，他们就感觉公司成了小区的便利店，而上司是收银大叔，T恤和裤子一点也不配。这时他们就会毫不留情地说：“您还不如穿西装来呢。”

年轻的男下属们喜欢时尚和购物，他们会去美容院护肤，出门会擦BB霜，偶尔染个发。像这样爱好时尚的男下属已经为数不少：虽是男儿身，作风却很女性化。

他们最讨厌的就是男上司逼他们喝炮弹酒（韩国的一种喝酒习惯，将韩国烧酒和啤酒混合起来喝，酒劲更大更容易醉。——译者注）。如果他们拿啤酒给上司敬酒，上司就会说，啤酒不是这么喝的，一定要跟烧酒掺着喝才行，说完就把酒胡乱掺在一起。这是他们最厌恶的场景之一，他们追求的是红酒配芝士、薄冰。但这些西洋玩意上司根本不放在眼里，只有辣拌田螺和烤五花肉才是他们永远的下酒菜。

年轻的男下属还不懂四五十岁男人经历过的磨难。上一代人通常有强烈的军人精神，他们在军队往往是一边挨打一边吃大锅饭，而现在的年轻人在部队吃的是意大利面，他们甚至不愿意提起自己的军队生活。综合以上内容，他们怎么可能很好地与男上司进行沟通？相反，他们跟女上司倒是很谈得来。

现在年轻的男性与男上司之间的沟通障碍，也许会对他们的团队生活造成一定影响，但这对女上司而言可是天大的优势，如果善加利用，你们会变得更加熟稔。人际关系说到底就是熟人，所以尽量多跟他们对话，先熟悉起来。

他们没有子女，但是你有，聚餐时你不能像他们一样待到凌晨一两点，你要早点回家照顾孩子。这时你就可以把他们当做你的“特派员”，代你出征。

“晚上喝酒的时候顺便提一下我们部门的事情，然后陪经理们好好开心一下。”

然后第二天中午请他吃午饭。了解一下昨天晚上的谈话内容，而且不要忘了称赞他：“没有你，我上哪儿知道这些信息啊。”

以这种方式把他当作你的“传令兵”，你就不会错过公司的任何信息了。与此同时，你还要向他提供有价值的信息。年轻人一旦明白了弱肉强食的丛林法则，再跟着一个有能力的上司，升职、加薪、奖金都不在话下了。

我认识一个在外企上班的男生，他告诉我他不会考虑在女上司手下做事，因为他们公司大部分女同事都消息闭塞，一到点就急着回家，对公司的事情几乎一无所知。上司消息灵通，自己才有机会沾光捞到好处。他说自己想跟别的部门搞好关系，实在不想成为一个一无所知的笨蛋。

事实上女人带领的团队很难拿到公司核心项目，她的下属也无法接触到核心工作，因而就会渐渐远离公司中心。那个男生见多了同事在女上司手下吃亏的情况，所以抵触在女上司手下做事。但如果是一个信息灵通的女上司，他还是很愿意为她效力的，因为男上司会在酒桌上浪费很多精力，自己没有那么多时间陪他们。

那么如果想把这种职员变成自己人该怎么做呢？其实不必非要利用晚上时间拉近感情，午休时间就够了。中午请他吃顿饭，然后不断向他提供公司内部有价值的信息，尤其是你跟公司高层的关系，如果再稍加粉饰就更完美了。

“我这次去中国出差，总经理也一起过去了。我们一起吃了顿晚饭聊了很多，他似乎对我的企划案很感兴趣。”

男人说这种话基本是大白话，跟人家见了一面就称兄道弟，好像跟人家很熟一样。相比之下女人就诚实多了，你可以在事实的基础上稍微加些调料，说多了他们就会想，“她以后一定大有作为，我要好好跟着她才行啊”。

只有下属信任你、辅佐你并支持你，你才有机会往上走。你身上有男人没有的细心和温柔，要利用这些“武器”，把上司和下属都变成自己人，做一个聪明伶俐的女人。只有这样，才不辜负姐姐今天把这天大的秘密告诉你。

姐姐有话说

你知道40岁男上司的两大软肋是什么吗?

第一，没什么钱。

第二，非常孤单。

偶尔你先提出来请他们吃顿饭、喝杯酒，他就会认为你是最了解他处境的人，把你看做最忠实的下属。事实上你只比别人多付出了5%的努力，就让他觉得欠了你一个大人情。

而且如果你有本事的话，你大可不用像男职员一样陪他喝到凌晨一两点，就可以把他变成自己人。日后如果公司有晋升的机会，或海外研修的名额，他第一个就会想到你。

突破“职场透明天花板”

你知道职场也有"安乐死"吗?

作为职业女性，你碰到过“glassceiling”透明天花板吗?

它真的难以捅破吗，又或许是扇窗户?

赖斯从花样滑冰选手到斯坦福教务长，从国家安全顾问到国务卿，再到斯坦福政治学教授、胡佛研究所高级研究员。她是怎么做到的?

我经常去大企业做培训，发现女经理的人数比例极小。有一家规模为6000名员工的企业，女主任和女经理加起来只有20名。还有一家企业，其经理级以上的管理层中竟然只有1名女性。如果做公司高层培训，参与人员几乎清一色都是男性。我们国家的10强企业几乎都是如此。为什么会出现这种情况呢？理发沙龙或餐厅也有类似的现象，理发师和厨师大部分是女性，而有名气的料理师和发型师却往往都是男性。

但更奇怪的是，我问过一些人事部，他们都说大多数女职员的入职考试成绩非常优秀，英语流利，企划案也无可挑剔，但他们却更愿意招一些成绩中上的男职员。面试前的内部会议也经常强调这一点。

但面试时，他们却仍然没办法不给女人打高分。不管怎样压低女性的分数线，取得高分的男女比例依旧是3:7。在考试成绩是唯一选拔标准的行政、司法、外交事务等考试中，女性通过者占到了一半以上。然而升到组长以后，无数的优秀女性就消失了。这中间到底发生了什么事情？男人的回答是：

“嫁人了呗。”

我承认这是一部分原因，但绝不是全部的原因。

要说“企划能力”，不要说“想法”

我认识一位知名酒店的料理师，他初中没毕业，为了生计找了一家料理班学手艺。但进去后却发现学员都是女性，只有他一个男性。他觉得很尴尬，每次上课都像小偷一样偷偷溜进教室。可现在他是希尔顿酒店的董事，当时跟他一起上料理班的女人呢？其实她们只不过想考个料理师的资格证，好给孩子赚点补习班的学费，而不是像他一样怀揣梦想。

> 学习决定你的高度，你的高度决定透明天花板的高度，工作中没有一成不变的定律，你要学会改变自己来适应职场的变化，也要学会不停地充实自己，改变你的职场状况。

这位料理师之所以能成功，不仅因为他具备养家糊口的才能，更因为他具备另外两点成功的必备因素——主人意识与领导力。一个人必须同时拥有这三点因素，才能登上事业的巅峰。女人并不是没有才能，只是缺乏成功的三大因素而已。

如果你有主人意识，那么在上司说“这个工作谁想试一下”时，你就会大声喊出：“我！”

假设你的公司成立了一个专责小组，需要选定组长。有野心的男下属就会说，“经理，晚上一起吃顿饭吧”。女人也应该请经理吃饭，这不是行贿。

经理虽然职位比你高，月薪比你多一两万，但他不见得比你有钱。不要认为经理赚得比你多就该请你吃饭，你反倒应该请他吃饭。金钱中带有权利的成分，你请客的次数越多，累计的权利也就越多。

跟经理一起吃饭时，你就可以趁机毛遂自荐。

“这次的专责小组我有信心负责，我最引以为豪的就是我的企划能力了。”

一定要这样说，千万不要提“想法”这个词。很多职业女性喜欢说“我有一个好想法”，这是大一新生的说法，但你要明白这不是搜集想法的时候。想法是由组员来提的，女人越喜欢提“想法”，男人就越觉得你缺乏企划能力。因为企划能力还涵盖了领导能力和控制能力。所以，千万不要提想法，一定要强调你的企划能力。

我最喜欢的称赞之辞是：“金美敬的企划能力相当出众。”称赞你的企划能力就是肯定你的领导能力和控制能力。所以你要随时强调你的企划能力，要说“我的企划内容是……”，千万不要说“我的想法是……”。

只要改一个词，你的人生就会因此而改变。

职业女性，怎能无野心

男人其实不太愿意让女人当组长，他们通常在酒桌上就把事情给定了：

“当组长要经常熬夜，体力一定要好，所以还是男人来做比较合适。”

这时你绝不能轻言放弃，要去找部门经理堂堂正正地理论：

“我们年龄相同，经历也相同，请把这个事情交给我吧。”

虽然他不一定会因为你这样说就把事情交给你，但说和不说是有区别的。即使这次没有成功，他心里也会过意不去，下次有类似事情就会交给你负责。如果男组长不幸把事情搞砸了，部门经理就会想起你的请求，工作机会就是你的了。

有些大明星就是在正牌歌手生病住院的时候走红的，比如大家熟知的歌手赵容弼。不必因此而有罪恶感，尽管把你的野心展现出来，否则你只能眼睁睁地看着机会溜走，因为别人在你之前展现了野心。

像专责小组组长这种事情只要成功一次，就有可能成为你晋升的跳板。

“上次看她企划能力不错，而且也有领导能力，这次就直接提拔为正式组长好了。”

只要有一次表现出色，就有可能得到破格提升。所以有机会时，一定要拿出韧劲来争取。

“我！”

“一起吃顿饭吧。”

把这两句话牢记在心，回到家也要经常练习：

“我！”

“一起吃顿饭吧。”

“我！”

“一起吃顿饭吧。

……

你以为在公司不显露你的野心，别人就会认为你是一个善良的女人吗？你错了，你反倒会被认为是一个没有上进心的人：

“她对工作没有野心，叫她做才去做，对公司的事情一点都不关心。”

现实就是如此。不想当将军的士兵不是好士兵。所以你应该经常表现出对工作的野心，这样你才不会错过任何一个晋升机会。

男人的这种能力是从小培养出来的。我儿子小时候出去玩，回到家一定会向我报告：

“今天我当小兵了。”

“今天我当队长了。”

男孩子从小就知道地位的重要性。但女儿就不一样了，我从来没听她说过类似的话。她对于自己一天玩耍的总结往往是：

“跟小朋友闹别扭了。”

“今天玩得很开心。”

女人总担心自己如果升职了，会被别人孤立或招惹不必要的麻烦，这就是女人的软肋。

女人要相互扶持

前不久，我去一家以“高门槛”知名的金融机构做培训。总经理很看重女性职员的能力，决定培养她们，所以在培训费用有限的情况下，还像 MBA 课程一样每周二、四对她们进行两次女性领导力培训。

那家公司当时有一群女助理，却没有一个女经理。公司高层全是男人，而助理和职员几乎都是女人。公司总经理在女助理中内定了一个经理人选，但那个女助理却非常坚决地拒绝了。她说自己不想干，怕被其他人孤立：大家能力相当，凭什么她当经理，而其他女同事却只是助理。我听到她的理由时，感到非常痛心。

所以在培训开始前我先把她们训了一顿：

"如果现在的情况是，男人都是助理而高层全是女人，一个男经理都没有，你觉得他们会采取什么措施呢？他们肯定会一起向公司高层推荐一名男经理。因为无论心里多不舒服，男经理是一定要有的。只有男经理干得好，自己才有机会晋升为经理。你们为什么就做不到呢？"

我非常看好男人的一项特质：他们很喜欢炫耀自己，哪怕只是很小的事情。他们炫耀的内容中有一项会令我情不自禁地感叹："啊，这才是真正的男人。"

"我在他手下干了 30 年。"

你难道不感动吗？男人即使一辈子给人当"小兵"，他也会认为这是深厚的战友情。可你听过哪个女人说过类似的话？在职场中，女人之间往往没有等级之分，她们总是手牵手站成一个圆不停地绕圈。这是在玩"丢手绢"游戏吗，还是在跳圈圈舞？在职场中有等级之分难道不是理所当然的吗？

同龄人中，总要有人先爬上去，不是吗？然后大家齐心合力支持她，她才能提拔你们，大家共同进步。女人们应该学会彼此协助，互相扶持，不要总是一群人不停地原地绕圈。

女职员对待女上司的态度永远赶不上男职员：

“做好自己的事情不就好了。”

大部分女人都是这么想的。但你要知道，职称和等级代表职场阶梯。女人丝毫不重视这一点，所以男人才会不屑地说“女人不懂组织文化”。

男职员是怎么做的呢？总经理进来时，部门经理小跑过去开门；总经理出门时，他就一直站在一边，目送车子离开。有的公司职员甚至在总经理来的时候，排成一列鼓掌10分钟。女人会认为这些是阿谀奉承，但在正式场合，替公司领导树立威严是非常有必要的。而且在这样的等级关系中也能彼此建立起深厚的情谊。也许你会说等级本身有悖人的本性，但它却能衍生出另一种人际关系。因为上司在接受下属礼遇的同时，心里都会留下感情债：

“我一定要好好提拔他们才行啊。”

我的丈夫就是如此，他跟他上司关系好得就像在谈恋爱。他知道上司的习惯、喜好，连他最近在烦恼什么都知道，他对上司毕恭毕敬。于是有一天我问他：

“你为什么要这么做？”

“我觉得我马上就可以坐上那个位置了。”

如果你也能这样对待自己的女上司，她也会反过来提拔你。而你的后辈看到你这么做，也会支持你。如果你不努力辅佐上司保住她的位置，而是嫉妒排挤甚至伤害她，等你坐上那个位置时，也会陷入同样的处境。这一点请牢记在心。

还有一点，千万不要在公司里使用“姐姐”这个称呼。有的女职员见谁都叫“姐姐”，这样的人还不在少数。你以为这里是东大门市场（韩国卖衣服的店家习惯称呼女性顾客为“姐姐”。——译者注）？放着“老师”不叫，叫“姐姐”，这样就真的变成姐姐妹妹在玩“丢手绢”了。现在情况相对好些了，以前几乎都叫姐姐，有人甚至叫我“金代理姐姐”。所以男人们才会说出“你们好姐妹商量去吧”这样讽刺的话来。

姐妹情谊固然好，但在职场中，姐妹感情反倒会阻碍女性掌握权力。所以比起姐妹情谊，职场更需要深厚的战友情。男人们在部队里学到的正是这个。

“大家围起来，保护大队长！”

士兵冒死保护队长，而队长自然也会保护那些围在自己身边的士兵。女人应该学习男人的这种精神。我认识的人当中，有这种精神的女人只有一个。

“是我帮她当上公司高层的。”她私下经常自豪地说。

她为了让自己的上司进入公司高层，跟男同事一起拼酒到很晚，还不忘宣传公司不能没有自己的上司。她和她的上司关系非常坚实。她在业内是猎头公司的头号目标，但她却说：“我离不开总监，我会一直辅佐她到退休。”

她是我这辈子所见过的最帅气的女人，而且她也马上要成为公司高层了。但如果她和上司两个人一直都是好姐妹的关系，她肯定无法取得今天的成就。她深知游戏规则，知道什么样的人可以笑到最后，什么样的人可以赢得战争。“丛林法则”中最重要的就是义气。步步高升的人身后一定有人在支持他，他们靠义气紧紧地团结在一起。所以，如果你的同事得到提拔，请你爽快地为她送上掌声，大大方方地承认彼此间的等级关系，竭尽全力给予支持。那么男人看你们的眼神就会变得不一样，也绝对不敢再小瞧你们：

“她们女人还挺厉害的嘛。”

辅佐上司也是一种主人意识的体现，是为成为主人做准备工作。女人们有高学历，头脑聪明，善于处理细节，还什么可怕的。只要你拥有主人意识和领导力，女人就能在这场男女之争中取得胜利。

在公司“端茶倒水”怎么成了女人的专利

我从 29 岁开始做女性领导力的培训，至今它已经倾注了我 20 年的时间和精力。起初我所讲的内容大多是关于礼仪方面的，比如如何正确泡咖啡，并将其冠以“职场礼仪”的美名。

在电梯前面如何站立和行礼，在上司身后如何走路，这些都算是基本礼仪，尚且可以接受，但到后来内容越发女性化。比如，端咖啡时托盘应该端至腰部以上，放咖啡时应该屈膝（因为如果弯腰胸部容易走光），并且绝对不可以站在顾客身后……这种礼仪培训，根本就是在培养朝鲜时代宫中掌管内务的尚宫，但我竟然还可以讲上两个小时。

当时很多讲师的培训内容都大同小异：在女人无法成为领导者的前提下，对她们进行礼仪培训。当时我只是一个新人，但做了两次这样的培训后就感觉苗头不对。

有一次我在一家证券公司进行培训，培训过程中女职员们开始提出不满。

“这不是要毁了女人吗？”

“为什么男人不泡咖啡？女人进公司又不是为了做这种事情。”

见此情形，我非但没有阻拦反而加入了她们的阵营。

“说得对，女人也应该发挥自己的能力成为领导者。”

培训负责人见状赶忙跑过来阻止我。

“老师，您这样给我们的员工培训，我很难交差的。”

不出所料，当天我就被那家公司辞退了。后来得知那家公司的女职员发起了“抵制礼仪培训”的签名运动。但这样一来也反而促成了一件好事，我从此决心不再对女人进行这种礼仪培训，不会再告诉她们茶水间才是她们的办公地点。

后来我独自研发了一套“女性领导力”的培训课。宣传册发给几家公司，结果如我所料，没有一家公司愿意进行培训。后来有一家公司打来电话咨询，但提出了一个要求：

“培训的时候去掉‘女性领导力’部分，只讲有关参与社会活动的内容。反正女人也当不上领导，讲了也没用。”

真不知道 40 多岁的部门经理是怎么教自己女儿的。难道他会告诉她：反正你以后进入社会也无法成为领导，所以读书不用那么拼命。他会这么说吗？当然不会。他一定会告诉女儿，不要担心，瑞士官员 50% 是女性。虽然我们国家目前还没有达到那种程度，但等你毕业进入社会时一定会有所改变。

不幸的是，现实生活中职业女性的工作环境又如何呢？就像男人赚钱、女人持家一样，在职场中她们依然担任着类似的角色：接电话、打字、复印、端茶倒水、给花瓶插花……

在这样的大环境下，如果公司出现一名女性领导者，就会引发女人之间的矛盾。其实归根结底还是因为男人创造了畸形的公司结构，女人并不是有意彼此为敌。高中毕业生与大学毕业生待遇不同，同样是女人，为什么她不用洗碗、泡咖啡？矛盾就是这样产生的。如果这句话出现在那个“连老虎都可以抽烟的年代”（香烟刚进入韩国时，是被当作药草来使用的，所以不管男女老少都可以抽烟，夸张地说就是“连老虎都可以抽烟”，寓意人人平等。——译者注），是具有改革意义的。然而在当下的环境中就是一个严重的社会问题了。

我曾经在一家广告公司工作，公司有一位女经理，收拾饭盒、洗碗等所有的琐事都要做，但那些男作曲家从来不做这些杂事。当时我是以“作曲家”的身份进入公司的，所以很矛盾：我是该做一个女人还是做一个作曲家呢？其实我别无选择，只能做女人的“分内事”。如果我不做，就无法跟女经理和平相处。以至于后来我见她就来气，矛盾升级后干脆谁都不干了，男职员发起了牢骚。

“喂，你们女人怎么不洗碗啊？”

当时我就下定决心，女人不应该这样生活，我一定要改变这一点。

但等我过了30岁当上讲师后，我发现这个社会并没有任何改变。不久后我接到那家将我辞退的证券公司的电话，我去讲过课后他们公司的女职员发起了“不泡咖啡”运动，这可以称得上是一次小暴动了。发起人带领女职员采取了一项略显幼稚的反抗行动，她们表示，除非男人们泡好咖啡端到她们面前，否则她们不会离开办公桌半步。他们公司的人问我，可不可以用劳动法起诉她们，我表示不清楚：一个新讲师怎么会懂得这些。

但在这件事情的推动下，我开始研究女权运动。我并不是想搞女权运动，也不是想去攻读女性学。只是因为我看到了一些不合理的现象，我想要知道究竟是什么导致两性之间出现如此尖锐的冲突。然而，我发现了一个令人不快的真相，这样的体系竟然是女人在相当长的一段时间内亲手造成的。

你是等着社会改变，还是先改变自己

虽然现在这么想的人很少，但在我们那个年代，女人刚进入职场就已经准备好辞职了：工作五年，或者工作到结婚为止。

“哎呀，生了孩子还怎么工作？都生第二胎了还怎么工作啊？”

她们总是这么说。公司又怎么可能把重要的工作交给她们呢？

男上司在收到男职员的结婚请柬时，他们会怎么想呢？这小子，现在成家了还不得更加拼命工作，以后可以随便使唤他了。

但收到女职员的结婚请柬，他们会怎么想呢？今后她会更听老公的话了，马上将其列为例外人员。因为发了请柬就辞职的情况实在见得太多了，不管你怎么否认，他们都不会相信。再加上如果怀孕的话肯定马上就会辞职。就算撑过生孩子，若是哪天报纸头条刊登了“幼儿园园长虐待儿童”之类的新闻，估计马上就会辞职回家。

所以站在公司的立场上，他们不可能花心思培养这样的人。但女人却不满公司的无视，不理解公司为什么不提拔自己。当然我们不能否认社会本身存在问题。把抚养孩子的责任全部推给女人,这种社会结构是问题的根源,这一点我也承认。但你埋怨公司、埋怨社会，这一切就会改变吗?

你是等社会改变，还是先改变自己呢？毫无疑问，只有你先改变自己，整个社会结构才会松动，否则恐怕等到你白了头也等不到那一天。

前不久，我去一家大企业给女职员做培训，发现偌大的公司数千名员工，从女代理到女高层全部加起来竟然只有 80 人。情况令人咂舌，感觉她们的处境挺惨的。事实上，她们的生活也确实十分辛苦。在这种条件优越的公司，能升到主任就已经值得欢呼鼓舞了。

“我们没有老师，如果前面有带领我们的女前辈那该多好啊。”

“那各位来当这个老师不就好了吗？”

“那要等到猴年马月……”

“什么猴年马月，只要奋斗 10 年就可以了。”

没错，只要 10 年就够了。只要你坚持 10 年拼死奋战，那么你就能看到这个世界为你改变的样子，而且它已经在改变了。15 年前，我对韩国三星公司的女职员们说了无数遍让她们坚持的话。

我对她们说，在场的所有女职员一定要硬撑到当上部门经理的那一天。事实上，她们中的大部分人真的当上了部门经理，而公司的结构也真的因她们而改变了：公司实施灵活时间制、配备母婴哺乳室，还有育儿休假。现在公司大量涌现出女性高层，公司的整体氛围从以男性为中心逐渐转变为两性平等。那么如果再过 10 年，整个企业的氛围还将产生多大的变化呢？

为此我特别成立了一个名为“Woman & Man Network”的私人组织。将约 200 名包括三星员工在内的女职员和女主任召集起来，再把我认识的男经理们全部拉进组织。按照“1 男带 10 女”的形式分成几个小组，对女性进行工作指导。我请他们把自己在酒桌上学会的东西传授给女人们，让她们知道怎样做才能在公司有所发展。这个组织我个人出资运营了整整三年。

改变男权金字塔，从你开始

值得庆幸的是拼命工作的职场女性越来越多，这就是世界在变化的证据。无论你是硬抗还是死撑，请一定要坚持到最后。如果你进公司时，女性领导只占 3%，那就一直埋头苦干，到这个数字上升至 30% 为止。如果一个 10 人团队中只有 1 名女性，那么在很小的事情上也会遭到无视。去饭店吃饭时，不管你想不想去，一般都被拖着去了。

“不用多说了，就吃五花肉吧。”

但是如果这个数字变成 3 的时候，情况就不一样了。

“我们有自己的主意。”

当你们说出这句话的瞬间，男人们的“权威”就不复存在了。

所以最重要的还是人数和势力。因此请你们一直坚持奋战，直到你们的人数足以形成一股势力。

芬兰的国土就是靠人数赢回来的。社会不可能一开始就拥戴女人，奉承女人。但当女人的势力大到一定程度时，社会自然就会为女人改变，但即便如此，它也仍然不会告知天下“女性的能力非常优秀，大家都从家里出来吧”。

所以只要你们每一个人都撑到40岁成为部门经理，50岁成为公司高层，告诉男人：女人做事也是稳扎稳打的。那么社会就没有道理不改变了。

目前韩国公司中女经理的数量还算可观，但女高层所占的比例却极少，一步步成长起来进入公司高层的女人更是少之又少。那种在麦肯锡咨询公司担任首席咨询师，突然空降到公司的，只能是做事的人而无法成为下属的导师。当然这类人也有不可否认的存在价值，但是经历过整个公司成长历程的人才是真正的人才。从职员开始接触公司所有的文化，并吸收接纳，坚持到最后的女人才是真正的强手。这样纯正的女性公司高层能有几个呢？

不管什么时候，努力提升自己的个人能力是十分重要的，随时随地都要保持进取的姿态，才能在职场立于不败之地。

我观察过去20年间韩国女性人力资源的变动，得出一个结论：

金美敬，你一定要坚持到最后。如果你在社会上获得巨大的成功，把像你一样的和想变成你一样的女人们团结起来，等到那时候你一定能看到世界为你们做出的改变。

我为这个决心，已经坚持了20年。

现在职场中的30岁女性心里有数不清的不满：公司大男子主义至上，女人遭遇的不公平对待太多等。一见面就听她们倒苦水。但你们必须承认一点，所有的歧视都是由我们自己的错误行为累积而成的。承认这一点才是对待歧视的正确态度。如果你认为这些问题都是社会造成的，因为“被害”意识而裹足不前，那你什么都做不了，这个世界也不会有任何改变。你也好好反思一下，你是不是也为这些歧视现象做出了“贡献”。

当隔壁桌的姐姐送上请柬辞职时，你不能辞职。隔壁桌的妹妹生孩子回家了，你不能回家。以后不要再以家庭事务为借口不参加公司活动了。一切的改变都从你开始，不要老想着指责男人。

让世界认可职业女性的能力

我的母亲几乎一辈子都在工作，到70岁都没闲下来。当时像她这样的女人很少。我有这样一位母亲，让我偶尔会想是她在社会上拼命工作为我铺好了道路；是她告诉这个世界，女人的工作能力也可以得到人们的认可。身为她的女儿，我当然也不会示弱，我现在48岁了，依然在努力工作。虽然现在像我这样的人不多，但我也算得上开辟了新领域。

所以我偶尔会跟母亲开玩笑说，她是地区议员，而我就是她手下的比例议员（韩国宪法规定，比例代表国会议员的人数根据各地区国会议员在总选举中的得票数决定。——译者注）。正因为有她在外面打拼到足够多的票数，我才能够进入议会。那么反过来，我又是我女儿的地区议员，因为我拼命地工作，让世界认可了职业女性的能力。

“女人还是挺有能耐的。”

这些彪悍的女人们在激烈的竞争中生存下来，从男人那里得到一张张选票，最终当上了地区议员，女后辈们才能跻身议员之列。很多公司在悄悄发生改变，他们发现女员工同样值得重用，现在的消费者 90% 以上是女性，因此公司需要更多地了解女性消费者的心理。

这样的改变是谁造就的呢？不是大发慈悲的男人们，也不是怜悯我们的社会，而是像悍妇一样在职场上打拼的女前辈们。

所以你不只是为自己在打拼，同时也是为了全体女性还有你的女儿在争取社会地位。但大部分女人都没有这种“伟大的想法”。很多人在尝试解决问题的过程中，埋怨社会，埋怨世道，最后变得越来越胆小怕事。如果你想重获信心，就必须坚持到底。不是要你坚强地奋斗，而是要你在奋斗过程中变得坚强。

姐姐有话说

你以为在公司不显露你的野心，别人就会认为你是一个善良的女人吗？你错了，你反倒会被认为是一个没有上进心的人：“她对工作没有野心，叫她做才去做，对公司的事情一点都不关心。”

现实就是如此。不想当将军的士兵不是好士兵。所以你应该经常表现出对工作的野心，这样你才不会错过任何一个晋升机会。

请为克服重重困难坚持到现在的自己送上掌声。然后为了全体女性的利益，请再奋斗 10 年。

职场篇

Work 2

青苹果“学校人”& 红苹果“职业人”

刚毕业时，你和同学都站在同一起跑线，初入职场，想做一个“好用”的人。

现在呢？你是每天打酱油混一份工资？还是为热爱的职业而努力？又或步步高升？

不管什么职位，我们都希望工作能力得到认可，薪水更高，升得更快。

你获得了多少成就感？

我真心希望你能明白，真正的职场生活是怎样的。现在很多刚毕业的女生认为职场生活就是上班下班，她们在面试时总是会问：

“几点上班？几点下班？”

遇到这种面试者，我是绝对不会聘用的，因为她们还不够资格。一个真正的职场人首先在意的不应该是上下班时间。公司也是学校，难道上学时你会问老师学习到几点吗？

回想一下上学的时候那些成绩好的同学是怎么做的？8点上课，他们可能6点就到学校学习了。但也有人8点半才偷偷摸摸地溜进学校，被教导主任撞见，再挨两下教鞭。

大清早来学校的学生白天不犯困，上课瞪大了眼睛听老师讲课，放学后还留下来拼命自习。我希望你把他们读书的劲头用在工作上。可是为什么你做不到呢？因为你只做与工资价值相当的工作，总担心自己是不是做多了，一到下班点就想，哎呀，我凭什么加班，赶紧回家吧，不然就吃亏了……

在我看来，这种人才是得失不分的傻瓜。仔细想一想：你为什么要出来工作？朝九晚六掐点上下班，回家除了看电视你还能做什么？然后每年涨工资时，涨那么三四个百分点你就满足了吗？肯定不是嘛。你也希望自己的工作能力得到认可，比别人升得更快，等40岁时凭自己的工作经验到哪里都能干出一番事业，不是吗？何况现在已经没有所谓的铁饭碗了。

我们所有人都要在职场奋斗一辈子。进入职场的你就是“终身职场学校”一年级的学生，所以你有学生的样子。职场新人就是新生，什么都不懂，什么都不会，但每到下班点他们总是理直气壮地下班，而且还是一副“我帮你工作到6点，你应该感谢我”的表情走出去的。但作为老板，我的想法完全相反：我让你在这里学习到6点，你难道不该感谢我吗？

公司又不是你妈，凭什么给你钱还得教你

入学后，作为终身职场学校的一年级新生，你该做点什么呢？首要任务当然是提高成绩。如何提高成绩呢？首先要改变想法，你不是在为公司做事，因为新生还不具备为公司创造利润的能力。

一般人需要为公司赚得自己工资三至五倍以上的利润，才能获得一份工作。但很多新生创造的利润只比自己的工资多一点点。

钢铁大王卡内基说：如果你说不出你能怎样使公司受益，那你就该走人了！

午餐费、电费、水费、清洁费、电脑使用费、网费以及偶尔学习时的资料费，这些费用都需要你自己赚回来。而且进入公司后，有些人铺张浪费，平时不舍得用的便笺纸用得稀里哗啦，圆珠笔也一定要买贵的。你给公司创造的利润只够支付这些费用和你的工资。公司是你妈呀，还有义务教你管你吗？

有时真的会忍不住埋怨你真正的妈妈，因为很多新生实在没

有资格进入职场，她们应该再好好接受教育。大学毕业不代表你的学习就结束了，你还应该学会如何与上司相处、如何面对困难、如何管理情绪。但你只是带着一张学校成绩单就进入了职场，公司几乎是在对你一无所知的情况下培养你，所以才会有那么多老板英年早逝。

你妈生下你时，也不知道未来的你会是怎样的，结果养大后自己也大吃一惊。自己的儿子怎么是这样的？自己的女儿怎么是那样的？但因为是自己生的就只能认命，继续抚养你们成人。大部分公司老板也会选择认命。像妈妈给零用钱一样，一边给你们发工资一边培养你们。老板都做到这份上了，如果当事人还不努力，他们该多抓狂啊。不过有些新人也够可以的，明明是公司在培养他们，他们却还理直气壮地认为是自己帮公司赚了大钱。

有些新人一回到家就看电视，白天的工作忘得精光，第二天上班时大脑内存已经清零。这样的人肯定无法成为终身职场人，只能徘徊在平均水平以下，最后郁郁而终。如果公司遇到危机，他们就会彻底沦为无业游民。

原因在于你在职场中的学生身份到 30 岁就自动终止了。30 岁以后你将面临你死我活的竞争。公司会要求你拿出真本事来，否则就会被打上“一无是处”的标签。因此新人时期是公司给我们的机会，公司只给你 5 年的时间努力，你必须充分把握这段时间。所以人们常说 5 年就能看出一个人能否成为合格的职场人。

人们常说小时候养成好习惯，长大后才能成功。同样的道理，职场生活也要养成好习惯，日后才能获得成功。上班提早 30 分钟到达，然后在努力完成本职工作的基础上自我提升。

上司要求下属找资料，有人能找到让上司满意的资料，有人却找到上司手头上已有的资料。我也曾让一些下属找过资料，最讨厌的是那种第二天回答说“找不到”的人，而我自己找却一定可以找到。为什么他找不到的资料我一下就能找到呢？

因为我在这个行业做了20年，我知道技巧，所以能很快找到。也就是说我自己三个小时可以完成的工作，我却给下属一个星期的时间来完成。你说这是工作，还是学习？当然是学习。因为我明白你需要经历这样的过程才能得到提高，所以才花一个星期的时间等你的结果。

假设这是在学校，老师是因为不会做才让学生做吗？当然不是，老师只要五分钟就能完成，而学生可能需要一整天。但老师还是把问题留给学生解答，道理是一样的。大部分工作一开始都是学习，但有些新人却不这么想，他们认为这些无关大局的琐事是为“工作”付出。请搞清楚，这是公司为了让你们投入真正的工作而布置的作业。一个需要学习的人怎么可以一到6点就下班呢？老师都还没回家，难道你不应该把题目做完再走吗？所以上司才会问：

“我交给你的事情都做完了吗？”

可新人们却回答：

“我打算回家做。”

“我打算明天再做。”

这就不像话了。人家是问你今天的东西都学会了没，而不是问你工作做完了没。

我们公司艺术演讲研究院的姜美静副院长加入公司时才刚20

出头，她的工作态度很端正，所以我很喜欢她，也有意培养她。她总是不放过任何一个学习的机会，晚上 11 点去公司她还在座位上，有时 12 点去还在公司。有不懂的地方就算是周末也会打电话问我。

加入公司 8 年后，她的能力提高得很快，成为一个高级人才，每次出手都能创造很高的效益。虽然一开始她的工资不高，但她依然心怀感激，说自己学习的同时还能拿到零花钱。

从薪水中感受到的感激与责任，成就了今天的她。越是觉得工资太少的人越是无法成就大器。**对自己拿到的报酬心怀感激，代表了一个人学习的态度。因为自己吃苦学到了东西，所以才会觉得报酬可贵。**但那些准点下班的人内心永远是空虚的：

“我之前加了两个小时的班，工资怎么没算进去呢？”

因为他们没有学到东西，所以才会觉得工资微不足道。如果这种状态一直持续下去，几年后就会出现两种极端状态。刚工作时虽然学历能力相似，但 5 年后距离就拉开了。

6 点钟准时下班，你是职场灰姑娘吗

一个人的学习心态是否端正，我一眼就可以看出来。他与普通人的区别在哪里呢？首先，当我问这件事谁来做时，他会举手说：“我！”就像老师上课时候问：“这个问题谁来回答？”有同学会举手说“我！”一样。

“谁愿意留下来和我一起加班？”

“我！”

学生在老师面前，不是应该努力多学一些知识吗？但大部分职场新人都生活在时钟面前。他们的脚步不是跟随老师，而是跟随时钟。6 点钟一到就不见人影了，你以为你是灰姑娘吗？

有人把自己当作学生职员，周末也带着资料到公司来学习。如果恰巧碰见我就立刻欢呼雀跃起来，因为有不懂的地方就可以问我了，这类新人的成长速度是惊人的。

但也有人一整天的心思都在手表上。开会时我问“这件事谁来负责”，他们就躲到别人身后，要么就像透明人一样一言不发。我问“晚上谁想跟我一起加班”，他们就看别的地方，传达“此事与我无关”的信息。如果要这帮人周末来公司，无异于天方夜谭。

上述这类人不愿虚心学习，而是把自己看作“劳动时钟”，那我当然也这样看待他们。我会根据工作时间安排他们做一些高效的工作，而不会把一些可以锻炼个人能力的长期项目交给他们。5 年后，同时加入公司的员工个人能力会出现两倍甚至三倍的差异，年薪自然也是天差地别。

若为了工资而工作，不但对老板是一种伤害，长期下去也是一种对自己生命的摧毁。

再过一段时间又会出现怎样的状况呢？努力了 10 年的学生职员宣布独立，因为他们已经拥有足够的资本。而“劳动时钟”们却希望继续替你工作。因为他们非常清楚自己离开了这里就无法生存，在这里至少可以靠一些资质和些许认可继续做下去。但其实我已经不需要他们了。

请你仔细想一下，过去公司也许还会顾及人情继续留你。但现在竞争激烈，公司已经无法容纳这类人长期滞留了。工作 5 年后你必须拥有可以和公司交易的实力，所以在这之前你必须铆足劲努力学习。

你应该以一个学生的姿态来做事。如果你虚心求教，老师一定会非常感动，并决心好好教导你。这样你就有机会比别人学到更多经验，从而一步一步实现自己的梦想。

好吧，我也承认。如果我女儿进入某家公司工作，我也会非常过意不去。一个什么都不懂的孩子能承担起什么工作？而如果她搞不清楚状况，回家发牢骚的话，我会这样对她说：

“不许发牢骚。你要像个学生一样虚心学习，即使被训了也要心存感激。五年以后，等你的能力得到肯定时，自然有你说话的时候。在那之前你都只是一名学生。”

职场原本就是一个学习与工作共存的组织。不要把心思都用在工作上，要善于学习。那么5年后，你将成为一名真正的职场人。

怎样计算年薪最合理

想知道关于年薪的秘密吗？一般认为，计算年薪应该根据能力与工作量。但实际上，合理的年薪应该比你的能力价值略少一些。因为老板计算年薪的方法和你不一样。如果他们觉得年薪给少了，心里就会觉得对不住你。于是会用关心、爱护或是商品券等其他方式弥补。因为你少拿了5000或10000，他们会更珍惜你。

但如果老板觉得年薪给多了，他们就会监视你，也不再用激励的目光看着你。他们会在心里不停地注视你：你干的活值不值这个价钱？自己是不是给多了？

我们对待事物也是一样的。假设你买了一台笔记本电脑，如果你认为5000元就足够了，却因为一些附加功能而花了7500元，中间出现了2500元的差价。于是你会一边用一边监视它的性能，这本身就是错误的心态。但如果你只花了5000元，就不会有这些烦恼了。

你觉得自己买贵了，所以不停地观察它是否值这个价钱，最终你会发现缺陷，然后开始后悔，对人也是一样的道理。

如果在年薪方面让老板感觉亏待了你，他会想方法补偿你。即使你犯了一些小错误，他也会睁一只眼闭一只眼。但如果你说“不给这个数我就不干了”，老板可能也会给，但从此他就会开始监视你。这时如果他发现同等价值却更优秀的人才就会动摇，而如果你的年薪比真实价值多出一两万元的话，在老板眼中你就变成了“可以替代”的人。

一定要避免自己成为职场处理品：身体耗损和知识折旧。

因此，如果你的年薪低于你的实际价值，你就有机会学到更多东西，还可以避免被监视。你可以更心安理得地工作。所以心放宽些，让老板心有愧疚的价钱才是最合理的年薪。

“这次我就算跟老板死磕，也一定要拿到这个数。”

这样的年薪即使拿到了你也不能安心。因为，想要这份工作的人多如牛毛，所以不要为了5000元跟自己过不去。如果你的能力能迅速提高，老板自然就会给你加两三倍的工资，或者提拔你，总之会想办法留住你，因为你的离开是公司的损失。

做事要对得起饭钱

年薪就是一个人的能力价值。公司是以你当下的价值作为计算标准的，而非未来的价值。但总有些人试图用未来的价值计算现在的年薪。无条件地认为自己一定会有所作为，但其实自己心里也没底。年薪理应按照当下的能力价值进行计算。如果你按照目前累积的成果与自己的实际价值谦虚报价，你就能收获同等价值的信任。

其实那些拿着虚高年薪的人心里也不舒服。他们会想自己是不是对得起这个价钱。我上课时也经常强调这一点：绝对不要拿心虚的钱。

我最讨厌的就是虚高的年薪。**职业人士绝不会拿让自己心虚的钱，他们只会拿理应得到的那一部分。**如果你的课时费是 5000 元，那你每分钟的内容都应该对得起这个价钱。如果你的课程只值 250 元，却拿 5000 元的课时费，你不觉得心虚吗？如果你一直拿这样的钱，你的人生就会一直处在不安中。

我如果拿了人家钱，做的事就一定要高于这个价值才能安心，如果刚好够这个价值心里也会不舒服，要是还不够这个价值就会感到羞耻。我目前在几家公司和机关担任咨询委员，出席大部分咨询会议，公司都会给一些劳务费，一不小心就容易对不起这笔钱。大家在热烈地讨论，有人却一句话也说不上，也有人怕丢人说些无关紧要的话，话很多却毫无价值。

我是怀着战斗的心态参加咨询会议的：要给对方提供哪方面的咨询，应该如何回答问题，偶尔还会抛出几个一针见血的话题，直指该公司的核心问题，这样我离开时才可以昂首挺胸地走出去。如果老板感觉到了我说话的价值，上来握手的感觉都是不一样的：

“您刚才讲的内容太棒了，受益匪浅。”

这是他在对所有人宣布我说的话对得起这顿饭钱。但有人却做不到这一点，他们自己也心里有愧：

“哎呀，我来这里真是对不起这顿饭钱，反倒学到了很多。”

这类人如果参加了三次会议还是这种状态的话就该让位了。他们的内疚日后必定会给公司造成麻烦。我让你少拿钱，就是叫你不要给公司造成不必要的麻烦。**如果你做事对得起饭钱，就会收获信心。如果对不起饭钱，就会失去自信。**而真正需要学习的东西，可能也会因为钱的关系而失去机会。

是什么影响了你的加薪

职场人士计算年薪的方法很简单。阅历、投资的时间、能力以及取得的成果，4 个变量就搞定了。但老板的计算方法就相对复杂得多，他要考虑的变量可能超过 10 个。有的钱是想给而不能给的，有的钱是希望你等公司成长一年再给的，有的钱是因为等级关系给不了的，还有的是因为给了你就得给别人、负担太重暂时给不了的。有时是公司刚出了一大笔投资款而无法给你加薪；有时是因为担心按学历给你加薪后，公司会出现学历歧视的现象。

加薪对于公司老板而言，不仅只是多给你 5000 的问题，尤其是在公司情况不好的时候，这种问题更令人头疼。这时如果能有一个替老板解忧的员工，老板该多感谢他呢。

现在在艺术演讲研究院工作的崔总监28岁进入公司，她从年薪8万到现在的公司高层，我们一起走过了12年的风雨，这12年间她好几次深深地感动了我。几年前金融危机，公司生意变得非常惨淡。经济不景气最先受影响的是教育业，课程几乎全部取消了。

当时崔总监来找我：

“金老师，现在是困难时期，就按照这个数给吧，不用给我涨工资。等以后公司情况好转了再给我涨也不迟。”

最后一句话更是让我感动得哭了：

“我自己省着点花就好了。”

那一瞬间，我感到我们就是共患难的一家人。

家庭生活中，嚷嚷着让老公多往家里拿钱的女人通常都不会持家。“有钱才能好好过，没钱就过不下去”的妻子不是一个好妻子。然而崔总监的行为就像在安慰工资账户被冻结的丈夫一样。

“老公，没关系，我省着点花就好了。”

听到妻子这么说，老公就可以放心努力工作了。事实上为了公司，崔总监的确非常节省，她自己也说当时几乎学会了所有节俭的方法。不仅是公司的钱，她自己的钱也很省，一整年都没有买新衣服，完全就是一位中年大婶，把头发全束起来，只为了节约烫发的钱。

值得庆幸的是第二年公司情况好转，我把当初没涨的工资都给她补上了。发工资时我的心情别提多好了，因为我知道无论我有没有钱崔总监都会一直跟在我身边。

崔总监视公司的命运与自己的人生同等重要。几年后，崔总监把她的存折拿给我看，存款数目非常可观。如同妈妈们嘴上总说没钱，但日后总能神奇地买下房子。崔总监就是那种神奇的人。

越是嚷嚷着“没钱就过不下去”的女人，到最后越有可能落得一身债，更别提买房子了。但像崔总监这种不喊苦不喊累的人就不一样了。后来我看到她的存折吓了一跳，扣掉房款后，竟然还有几十万的存款。和那些不懂得节约的人相比，10 年竟会产生这么大的差异。她嫁人时在我们公司是最有钱的。她结婚的时候还给我写了一封信。

院长：

谢谢您给我发了那么多年的工资。虽然公司也有过不景气的时候，但您都会按时给我发工资，现在我用这些钱嫁人了。

谢谢您。

我才要谢谢她呢，这世上恐怕没有比她更好的员工了。但有些不知天高地厚的人无论给多少都嫌少。从没听他们说过一句谢谢，而且还大言不惭地说现在的世道这点钱拿了也没用。我给的钱是卫生纸吗？

你要小心，老板听到这些话就会认为你觉得工资太少：

“我就算干 10 年也没存款没房子，一无所有。”

“我朋友的公司，发双倍奖金呢。”

“赚得太少了！”

“这点钱拿了也没用！”

"存起来也干不了什么！"

偶尔还会听到这种话，你认为我的心情会怎样？让自己的衣食父母没面子，你以为自己还能好过吗？但他们总喜欢把这样的话挂在嘴边。这样的人就算工作10年也依然一无所有。作为老板，听到这些话我会觉得自己对你们毫无价值，并为此感到惭愧。

相反，那些拿到工资就存起来的员工就格外讨人喜欢。就像父母给孩子零花钱，有的孩子把钱存起来买了一台电脑，父母看到了自然会多给一些零花钱，因为孩子值得信任；而对于那些拿了钱不知道花到哪里去的孩子，父母就会想，给得再多也是浪费。

把你的部分"增值"投资给公司

有人很爱发牢骚，尤其是对钱。这些话传到老板耳朵里就变成了"我既在意钱，又不会做事，基本上就是一个没用的人"，于是对这个人的信任度就直线下降，尤其当公司遇到困难时，老板一定认为你不会陪他战斗到最后。

当然不排除老板当中也存在那些剥削劳动力又不给钱的混蛋。如果你已经把你的能力充分展现出来，但对方却只顾一己私利不给你涨工资，问题就严重了。遇到这种一心只想赚钱而无心发展公司、培养员工的老板，我劝你还是尽早离开，直接拿钱走人。

但大部分老板还是希望看到公司和员工的成长。公司营业额上升不代表老板赚了很多钱。老板赚钱最多的时候往往是把公司卖掉的时候，虽然有些公司就算卖掉了也不见得能赚钱。不过大多数情况下，老板依然会先选择增加员工数量，而不是增加现有员工的工资。给员工发工资是老板的一大乐趣。当员工对自己说他们用工资买了房子，结了婚，或者把孩子抚养长大，这是最令老板欣慰的事情。

现在我依然对我的员工心怀歉意。每年致新年贺词时我总说：“对不起，今天只能分给大家这些奖金，明年一定会给大家更多的回报。”

我想要一家拥有 30 ~ 40 名员工、每个人都拿着全韩国最高年薪的公司。到那时面对自己的员工我该多自信啊！我想成为这样的老板，而不是每次给员工发工资时都抬不起头的老板。

公司在经营过程中一定会出现几个“债权人”。他们工作非常卖力，可是公司当时的情况不允许立刻给他们涨工资。我心里总觉得亏欠他们，每次看到他们都觉得欠他们人情。

职场女性的生存智慧，很重要的一条是诚信求实。做任何事情，都要从头到尾尽自己最大的努力，在成效上超出上级的期望值，从而与上司建立起良好的信任与互动关系。

然而当合适的时机来临时，我会把之前累积到现在的价值和未来可以预想的价值一并算给他们。之前一点一点累积起来的信任，终有一天会被换算成无法想象的未来价值。

这时你需要冷静地判断，如果你的未来价值达不到这个水平，你就要在目前的价值基础上还给老板一部分。既能让老板感到愧疚又让自己心安理得的数字才是你真正的薪资。

去年年会上我给每位员工都写了一封信，同时也表达了对崔总监多年相伴的感激。善良的崔总监哭了，我也哭了……

现在，你是我的家人。不，比家人更亲近。

你还记得当初你因为结婚举棋不定时，我对你说的话吗?

“去吧，不要担心，这里有我呢。”

因为这句话你有了勇气，满怀信心地结婚了；你还说托我的福结了婚还买了房子，为此我真的感到很欣慰，因为我给你的工资明明那么少。

我给你的总是不够，而你总是百分百地信任我，全身心地支持我，我一直对你心存感激。崔总监，你是我30岁以后所遇见的人当中最令我感激的人。谢谢你照顾我的孩子们，谢谢你用心对待每件事。

希望我也能成为令你感激一生的人……

姐姐有话说

年薪就是一个人的能力价值。公司是以你当下的价值作为计算标准的，而非未来的价值。但总有些人试图用未来的价值计算现在的年薪。无条件地认为自己一定会有所作为，但其实自己心里也没底。年薪理应按照当下的能力价值进行计算。

如果你按照目前累积的成果与自己的实际价值谦虚报价，你就能收获同等价值的信任。

如果你的未来价值达不到这个水平，你就要在目前的价值基础上还给老板一部分。既能让老板感到愧疚又让自己心安理得的数字才是你真正的薪资。

不做“职场旅客”

跳槽，早已经不是什么新鲜事。关键是，你仔细分析过你跳槽的动机吗？

为什么有人跳来跳去，却让自己的职业含金量越来越低？

跳槽也需要系好“安全带”？

“耐得住寂寞，才守得住繁华”。不要为了眼前的利益和一时盲目的冲动而随便离职。

现在二三十岁的职场女性大部分都有“职业病”：上班时总爱胡思乱想。这就是“职场灰姑娘情结”。她们总认为人生应该发生一些更美好的事情。

“我应该待在一个风光无限的地方，这里算什么嘛？”
“我不该待在这种地方。”

这种人的职业生涯中一定有无数次跳槽，因为她们认为这是一种提高。在一家公司积累了一定经验后跳到另一家公司，积累足够经验后又继续跳槽，就这样一直不停地换工作。她们认为一直待在一家公司是很傻的行为。这类人的最终归宿会是哪里呢？答案是菲律宾。美国、澳大利亚这些国家她们不敢去，所以菲律宾是她们的最佳选择：离韩国不远开销也不大，英语不好也不会被嫌弃。

跳槽：别跟着感觉走

我常去的一个皮肤科有一位不错的护士。皮肤科的护士工作比较辛苦，不仅要给客人做皮肤按摩，还要洗毛巾被单，一双手几乎整天都泡在水里。但她坚持下来了，三年后成为较有资历的护士，当时她大约32岁。可是有一天，她突然对我说："院长，我要去菲律宾了。"

她说这份工作不适合自己。于是我问她为什么还做了三年，她说不知道，但最近感觉这份工作不是很称心，也不会有什么大的发展，所以打算离开。我问她去菲律宾做什么。她说需要整理一下思绪，长点见识，顺便学点英语。

"那你将来打算做什么？"

"不知道。"

"目标是什么？"

"不清楚。"

"梦想是什么？"

"也不太清楚。"

她只是觉得不能在这里待下去了，所以选择离开。虽然不能直说，但我还是为她担心：

"你这个傻孩子，你以为去了菲律宾就能找到自己的梦想吗？你在这里都找不到，到那里又怎么找得到呢？如果你还是觉得应该去那就去吧，但从菲律宾回来之后，你可要承担一切结果。"

我身边还有一个类似的例子，我去电视台演讲时认识了一个化妆师，她的化妆手艺很棒，发型也做得很好，而且还很会搭配衣服。但她说不想干了。她是公司外派的，不属于电视台编制。继续待下去，事业不会有所发展，钱赚得不多又辛苦。

我问她这是全部原因吗，她说主要还是厌烦了，跟那位护士的原因一样。我问她今后有什么打算，她说打算去国外，能力不错的人大多都以这种方式离开。

她们的年纪大多在 30 岁到 35 岁。20 岁刚毕业，什么都还来不及想就找到人生的第一份工作，打算靠自己的力量赚钱。然而一过 30 岁就开始胡思乱想，工作越来越乏味，也没有存款。想到还要再撑 10 年才有机会当上组长，这样的等待令人窒息。

她们一开始给自己定的目标太低了，结果被目标给困住了。如果有第二个目标，她们就会继续努力奔跑，但如果没有下一个目标，她们就会被困第一个目标里，像笼子里的花栗鼠一样，转了一圈仍然停留在原地。不知不觉后辈们快要追上自己了，这令她们感到不安。而且每天重复相同的工作，毫无新意。对工作的厌烦使她们失去方向感，开始彷徨。

我们可以有职业理想、梦想，但不能妄想。同时珍惜自己的时间和机会成本，早日确定自己的职业定位和发展方向。

其实她们是新人眼里最羡慕的对象，但她们却认为自己不争气，就像进了死胡同，需要尽快逃离。最终她们选择了离开。

但其实她们最不应该在这个时候离开，也许她们认为留在这里没有拿得出手的东西，离开也没什么损失。但事实并非如此，她们会失去所有宝贵的东西，她们会花光所有的积蓄，失去原本的工作以及积累的人脉，工作时的紧张感也会随之消失。从国外回来后，她们会变成一个懒散无能的人。

学英语？英语也需要一定的压力才能学会，一边上班一边挤出时间学习才是最高效的。在菲律宾灿烂的阳光下，看着椰影白沙、碧海蓝天，怎么可能学得进去呢？结果非但没学好英语，还花光积蓄，丢掉工作和人脉，一无所有回到韩国。

你打算跳来跳去到何时

女人一旦过了 30 岁找工作，每长一岁就会多几分艰辛。公司方面也是，32 岁还可以勉强接受，34 岁就有些困难了。当然如果你是 32 岁辞职去读 MBA，34 岁毕业出来找工作就另当别论了。

找不到合适的工作，又需要钱，这时人们就会饥不择食地随便找点事情做。这里干 3 个月，那里干 6 个月，零零碎碎地给人打工，越来越多的散活找上你。

最可怕的就是那些熟人了。这个姐姐开店请你帮忙一段时间，那个哥哥事业扩张请你当两天经理。你的职业生涯就只能在这里停一下，在那里待一段，这就是“职场旅客”。

原本能成为皮肤科经纪人，原本可以利用在电视台的经历提升自己，却都辞职去了菲律宾，结果回来之后就只能到处帮工，做一个“职场旅客”了。

别人看不到自己职业的未来，你也看不到吗？按照这个逻辑，你从事任何一种职业都看不到未来。可是有个在中国料理店送外卖的人却成功了，大部分人可能会认为：“一个送外卖的能有什么未来啊？”

但那个人在送外卖的过程中，细心地发现叫了炸酱面的人想吃海鲜面，叫了海鲜面的人又想吃炸酱面。于是他开发了既能吃到炸酱面又能吃到海鲜面的炸酱海鲜面，因此一举成名。

别人看不到的未来，你看到了就可以，想办法把它变成自己的。每个人的工作都有发展空间，最差也可以升到组长，但很多人都被困在第一个职业目标里，变成了熟练的技工。这时如果做了错误的选择，你会连技工的工作都会失去。然后只能打散工一直到36岁，彻底成为“职场旅客”。没有钱、没有工作、没有拿得出手的经历。最重要的是她们已经36岁了。

“耐得住寂寞，才守得住繁华”。不要为了眼前的利益和一时盲目的冲动而随便离职。

既没钱也没工作的36岁女人谁愿意多看她们一眼，所以她们才会沉迷于电视剧：出身贫寒、工作低贱的女人，一天到熟人店里帮忙，遇见来买东西的富家少爷，两人一见钟情。对方不仅有钱，年纪还比自己小。某天走在路上突然摔倒了，无意间两人再次相遇，富家少爷将她扶起，结局是女人得到富家少爷华丽的求婚。

一边奔跑一边想

假设工作是分阶段的，第一阶段又从1到10分成10个小节，那些达到第10节的人自然会开始朝第二阶段努力。

他们通常在到达第10节之前就开始思考第二阶段的目标。但往往是那些连第6节都还没达到的人会去找老板说“这份工作不太适合我……我想休息一段时间，整理一下思绪”。

傻孩子，为什么思绪一定要辞职以后才可以整理？为什么书一定要到海边去读？在地铁里一边跟周公打架一边读进去的才是真正的知识。

人的本性是做自己习惯的事情，他们到了海边也只会像昨天一样玩手机发短信，而不是看书。**所以请你用昨天奔跑的力量继续奔跑，在工作中想要突破就必须不断努力。**那什么时候整理思绪呢？一边跑一边想，跑的时候挤出时间来想。

我23岁开始工作，当上讲师以后，我的第一个目标是讲课内容要对得起报酬。我曾经因为自己讲的内容感到无比丢人，20年来都不好意思看那家公司的招牌。我下定决心不能再丢人了，于是开始努力学习，慢慢地我开始讲一些新鲜的内容。课程得到认可后，不断有公司邀请我，因此我需要进行新的学习……我的每一天都是持续不断的全新的挑战。

当事业走上正轨后，我开始向往新的冒险。当时两个小时的讲课费用是2000元，我突然很好奇，如果我把费用提高到3500元会怎样。对方会不会说："就这水平，3500太高了吧……"这时肯定会有公司嫌贵，不肯继续合作。那多出来的时间我可以做什么呢？不管了，先试一试吧。

说做就做，我把讲课费用涨到3500元后，课程开始慢慢减少。这让我意识到，原来我的课程不值这个价钱。于是我决定开发出价值3500元的培训课程。后来我独自开发了两性平等以及预防性骚扰的课程，那已经是10年前的事情了。不久，我的讲课事业遇到了瓶颈。很多讲师就停留在这个阶段，她们开发了很棒的课程，一个月可以讲100个小时的课，这已经是她们的极限了，她们不会再继续努力下去。结果会怎样呢？

讲来讲去都是同样的内容，结果预约课程的公司越来越少。从每个月 100 小时，逐渐减少至 80、60、30 个小时。这时很多人就会想："看来我的课程内容已经过时了，要不干脆改行做咨询好了？"

培训与咨询有很多相通的地方，但两者所需要的核心能力是不同的。培训从大方面讲可以算是咨询的一种，但细分终归还是不同的行业。我见过很多在毫无准备的情况下转行失败的人，这类人也是"职场旅客"。

找寻你的职场宝石

我在无数讲师止步的地方开始了全新的挑战。我决定不再单打独斗，而是组建一个团队。当时我 34 岁。众人拾柴火焰高，团队成立后事业开始出现转机。

我们开发了"女性领导力""鲸鱼领导力"等课程。与此同时，我的个人价值也得到了提高。金美敬不仅是一名讲师，还是开发课程的人。而且，我有自己的团队，需要承担的责任更重了，社会地位也提高了。

这时我意识到一点：我的职业中还隐藏着另一份职业。我的职业中有真正的宝石，如果你已经工作了 5 年，你只能算是一颗赝品。你不能只停留在赝品的水准上止步不前，突破了这层禁锢你才会看到真正的宝石。我现在之所以为自己的职业感到自豪，是因为我看到了自己的那颗宝石。当我每个月给人讲 100 小时的课时，我也只是一颗赝品，不过在模仿宝石而已。现在我已经进入了从赝品到宝石的阶段，也许在我 60 岁时就能成为真正的宝石了。

我曾想，那个皮肤科护士和化妆师在自己还是赝品的时候，本该努力找寻自己的那颗宝石，可她们却到别的地方浪费时间和精力，当时举棋不定，等年纪大了后悔就晚了，期待的王子也绝对不会出现。**所以不要羡慕别人的宝石，把自己打造成宝石才是你最应该做的。**

紧迫感是成功的营养剂

我们公司有一名员工，工作很努力，做得也不错，但有一天她却提出辞职。我问为什么，她说没有信心能把这份工作做到最好，工作了五六年却越来越没有自信。她想寻找能让自己充满激情的事情。我为她感到惋惜：

“你已经到第一阶段的第 6 节了，再努力一点就能完成第一阶段。然后找到第二阶段的 10 节目标。”

用登山来打比方，人们在开始登山前是最兴奋的。戴着打结的头巾，一边说笑一边系紧鞋带，大声喊着口号，兴奋得不得了。但爬到半山腰时，就开始抱怨还要爬多久才能到山顶，一边嘀咕着“登山不适合自己，真不知道那些人为什么喜欢登山”，一边从半山腰回到山下。如果他们能坚持到山顶，自然会找到下一个目标。下次尝试攀登更高的山时，

比靠山还可靠的，是让自己有价值。你要在琉璃世界里，重新寻找到属于自己的独特光芒！

如果可以骑着山地车爬上去就更令人兴奋了。虽然过程充满艰辛，但一旦攀至山顶，攀登的过程就成了乐趣。

为什么越来越多的年轻人水平只能在“NAVER以下”（NAVER是韩国最大的搜索引擎和门户网站，独占了整个韩国搜索市场的77%的份额——编者注）？他们只会引用搜索引擎NAVER的话，讲不出有创意的内容。创意是人们在实践过程中不断尝试和经历失败后得出的。经历过这些的人才可能拥有创造的能力。

出演《膝盖道士》的著名演员尹汝贞说，紧迫感才是成就一个人的营养剂。她曾因为急需交公寓装修费而演技大涨。演坏人、脱戏都表现出色。紧迫感提高了她的演技。

综艺节目《我是歌手》中的“国民大哥”任宰范也说过类似的话，过去10年他每个月都只能靠5000或10000元的版权费度日。女儿想要的东西不能买给她，因为没有车，坐公交车也很不方便。多年来总是搪塞女儿，这样的父亲，心情该有多迫切啊？所以任宰范唱歌才会近乎于呐喊，他把每一个时刻都当作东山再起的最后机会，他无比迫切的心情成就了最棒的舞台效果，给听众带来前所未有的感动。他甚至将歌手南镇原本是TROT风格（韩国一种简单轻快的乐曲风格——编者注）的《空杯》改编成摇滚版本。

职场如登山，只要你肯往前走，就总会一步比一步高的。

我认为人生最紧迫的时刻也是最具创意的时刻。而当这样的时刻到来时，你要不断地锻炼和完善自己，只有这样才能成为一个富有创意的人。

节目中的其他歌手也一样紧迫，每星期都要创作一首全新的歌曲。如果按照原来的歌曲风格一定会在比赛中垫底，他们要把内心潜藏的创意注入别人的歌曲中。那该是多痛苦的一件事，几乎所有的参赛者都说："整个星期都没睡过一个好觉。"

过程非常辛苦，内心备受煎熬。但正是经历了痛苦所创作出来的歌曲，才能让听众为之动容。听众只会送上掌声吗？不，还会送钱给你：购买音源、CD 等。

每天给自己安排 3 小时的黄金时段

最让我有紧迫感的时刻是以前讲授 MBA 课程的时候。当时每周需要讲一个全新的主题，还是我从来不曾接触过的内容，工作量相当于每个星期出一本 200 页的书，那是多么令人抓狂的事情。

奇怪的是每周到最后时刻我总能想到更好的内容。第二天就要上课了，在截止时间前我总会冒出新的想法，因为我不断告诉自己想不出来就来不及了。

设计师最富有创意的时刻是在服装秀开始之前的两个小时；演员最富有创意的时刻是拍摄前的几秒；歌手最富有创意的时刻是演唱会临近的时候；厨师最富有创意的时刻是需要准备 100 个人食物的时候……工作现场总是最能激发人创意的地方。

《异类：不一样的成功启示录》一书中提到了"10000 小时法则"。这条法则是说，如果每天花 3 小时全身心投入到一件事情中，坚持 10 年满 10000 小时就能获得成功。

你觉得这不是很难做到，是吗？那是因为这里还漏了一句话：剩下的 21 小时也是为了这 3 小时而存在的。

24 小时中有 3 小时是黄金时段，剩下的时间都是为它服务的。比方说我讲课的 3 小时是黄金时段，那么剩下的时间都是为上课而服务的准备时间。只有这样，10 年后你才算真正满足了 10000 小时的条件。问一问自己：

“我的 10000 小时从什么时候开始？”

我想大部分人都还没有开始吧。我已经是第 6 年了，还剩下 4 年的时间。4 年过后我就 52 岁了，到那个时候我才能开始闲下来。

对于现在，有一点是可以肯定的，现在集中精力工作 3 小时的成果跟以前相比简直是天差地别。我相信像这样努力 10 年，凑足 10000 小时，它会告诉我下一步要怎么做。我经历的一切会将未来展现在我的面前。

《灰姑娘》不仅仅是一个简单的童话故事。在将南瓜变成马车，并抵达宫殿之前，你需要非常清晰地设定自己的职业方向，你需要一直努力。

我把这些话说给那个想要辞职的员工听，她的表情立刻变得认真起来。最后我问了她一个问题：

“你的 10000 小时从什么时候开始？”

“还没有开始呢。”

“那就从现在开始努力，如果你干满了 10000 小时，还是无法对这份工作产生兴趣，到时候再离开。现在离开，你只能成为一名‘职场旅客’。”

在这 10000 小时里不曾努力提高自己的人到了别的地方也不

会成功。这是一个人工作习惯的问题。如果你不养成良好的工作习惯，就无法成为你所向往的职业人士。

于是她气势悲壮地回到工作岗位，之后就像换了一个人一样。

“院长，我要把此刻当作第 1 个小时重新开始。”

曾经消极怠工的她，现在变得神采飞扬。因为她在自己的黄金时段中找到了自尊感。

如果你的 10000 小时还没有开始，那么从今天开始，每天给自己安排 3 小时的黄金时段努力工作。坚持下去，终有一天你会成为你所向往的人。然后你唯一需要做的，就是相信 10000 小时过后自己做出的判断。

现在不要被耳边的甜言蜜语所迷惑。10000 小时过后，你只需相信发自内心深处的真实想法。那之前的所有判断都是谎言。**人类最不可信的就是自己，每个人的内心都有一个新手和一个高手，新手说的话绝对不能轻信。**

别告诉我，你辞职是因为人际关系

“你为什么放弃前一份工作？”

这是我们公司面试的第一道必答题。很少人会说因为工资太少，这样说的人几乎不会有公司会录用。等面试进行到一定程度时，有人就开始慢慢地说实话了。

导致女人辞职最主要的原因是人际关系。有人是被上司欺负了，有人是被神经质的同事孤立了。

前不久一个女职员来面试时说她辞职的原因是“上司欺人太甚”。她的上司经常盗取她的想法抢她的功劳，她说自己看不到那份工作的前途。听到这些，我为她感到不平。

傻孩子，前途是你自己争取的，难不成你的上司还会替你争取吗？她连自己的都顾不过来了，还有心思管别人吗？你要做的就是想办法避开上司的欺压。

这个世界上性格糟糕的上司至少占两三成，也就是说，你遇到这种人的概率有两三成。你换新工作，难道就不会再次碰上这种人吗？运气不好的话，你还会连环中彩，到时你恐怕只能借酒消愁，举杯痛哭了：

“还不如那个变态经理呢，呜呜呜……这家伙根本就是神经病嘛。”

因人际关系而辞职，这样的员工我绝对不会录用，因为这种人的心理素质明显不够好。工作到一定年份后，一个人的韧性远比能力更重要。如果连同事间琐碎的摩擦都无法忍受，又怎么承担得起公司的重要工作。

我们公司也有性格奇怪的员工，女人扎堆的地方，勾心斗角是不可避免的。但仔细观察就会发现，也许只是两个人不合而已。可能是两个人性格不合，也可能是两个人处理事情的方式完全相反，所以彼此无法理解对方的想法。

在社会上生存，要是连这点宽容都没有，还留在职场做什么，干脆回家好了。但即使回到家里，还是有一两个人跟自己性格不合。父亲跟我很亲近，但母亲却像继母一样。我跟哥哥很亲近，但和姐姐合不来，那干脆连家人也换了？面对人际关系问题我们应寻找解决方法，像维系家庭一样保护自己的职业。如果人际关系是你职业生涯的绊脚石，你就要聪明地应对，保住自己的工作。

我认识一位在大企业工作的部门经理，他上头的总监老是欺压人。他们两人性格不合，做什么事情都会起冲突。总监被别人称为“人类推土机”，只要有人提出想法，总监就逼他立刻执行，他忙得连回家的时间都没有。总监总是记不住自己说过的话，好夸海口又无法收场，部门经理每次都要为他善后。更可恶的是他还奸诈无比，如果部门经理把事情处理好了，他就把功劳全部揽下来，向上司报告时根本不提部门经理。

他觉得在这种人手下做事不会有什么发展，甚至差点为此患上抑郁症，也曾无数次考虑换一份工作。但一年后，那个总监调离了原来的位置。新上任的总监跟他非常合得来，也非常体谅下属，不仅帮助他成功取得项目，还把报告的机会让给他。上司称赞自己时，也不忘提到下属的功劳。在西伯利亚荒芜的平原上徘徊了许久，突然一阵暖风吹过，那是多么令人振奋的事情啊。对于这种事情，他是这样说的：

“这样的事情从进入公司到现在已经反复10次了。如果一遇到这种事情就辞职不干，我哪能坐上今天的位子？”

他一直坚持到最后，终于自己也当上了总监。因为他在很多风格不同的上司手下做过事，身经百战，内功自然相当深厚。他向“推土机”上司学习推进力，向“暖风”上司学习组织管理能力。把不同人的缺点作为反面教材，同时吸收他们的优点。如果他一直与性格相似的上司共事，就绝对无法练就这种韧性与处理问题的能力。

其实在公司里，很多时候不是学习工作本身，而是向人学习。解 10 道简单的题目远不及解 1 道难题收获多。在处理人际关系的过程中，肯定会学到许多东西。

同事又不是家人，这些总有一天会过去

对于人际关系，女人比男人更敏感。一个表情，一个动作都能引发激烈斗争。会议结束后，总有几个人喜欢在背后指指点点：

“你看见她那表情了吗？太没教养了。”

一个表情就够她们说上一个星期，然后把气氛搞得冷冰冰的。

女人对这方面本来就很敏感，所以很容易陷入负面情绪。如果上司一个月对自己表现冷淡，日子就会变得非常难熬，并陷入是否应该继续待在这里的忧郁情绪中，精神压力剧增。

女人应该学会理性看待公司的人际关系。你可以把它看成是一个具有挑战性的项目，而项目总会有结束的一天：上司也许会被调离，也可能会辞职不干。你们不是家人，不用一辈子见面，所以别太担心。最重要的是你要学会等待，无论外界给你施加何种压力，你都应该学会用洒脱的心态面对问题，解决问题。

把“总有一天会过去”这句话写在便签上贴在脑海里。如果你总是逃避问题，问题总有一天还会找上你。你可能在别的公司，

在最差的情况下，结束职业生涯。不要因为一些无关紧要的人动摇自己的人生观。

姐姐是怎么教你的？跟我念一遍：

“总有一天会过去！”

姐姐有话说

别人看不到的未来，你看到了就可以，想办法把它变成自己的。每个人的工作都有发展空间，最差也可以升到组长，但很多人都被困在第一个职业目标里，变成了熟练的技工。

这时如果做了错误的选择，你会连技工的工作都失去。然后只能打散工一直到36岁，彻底成为“职场旅客”。

没有钱、没有工作、没有拿得出手的经历。最重要的是她们已经36岁了。

女人应该学会理性看待公司的人际关系。你可以把它看成是一个具有挑战性的项目，而项目总会有结束的一天。

上司也许会被调离，也可能会辞职不干。你们不是家人，不用一辈子见面，所以别太担心。最重要的是你要学会等待，无论外界给你施加何种压力，你都应该学会用洒脱的心态面对问题，解决问题。

你的压力弹性十足吗

Monday = 忙 day，Sunday = 伤 day。你有“星期综合征”吗？

“鸭梨山大”啊，手头的工作已经是deadline了，突然又分配了一项紧急任务。

当你有了欲望或出现紧迫感，压力就随之而来。

压力的重量并不重要，重要的是你如何处理它，你能hold多久。

我工作时很少说这种话：

“好累啊。”

“太乏了。”

“压力好大，快疯了。”

当然我也有压力很大的时候，但我下定决心不给自己施压。后来想到有压力的时候就是我工作的时候，所以不能称之为压力，而是对工作的热情。有压力是因为我在思考某些问题，所以我改变了自己的想法：**有压力是我正在努力工作的证据，应该感到高兴才对。**

压力：小菜一碟

有很多职场女性喜欢把“压力太大了”挂在嘴边。

“我给客人打了三次电话都不接，压力大啊，感觉快疯了。”

这是你努力工作的证据，为什么要有压力呢？你可以这样说：

“我都打了三次了，怎么不接电话呢。”

一个人的说话习惯最终会影响到他的工作习惯。有人说话习惯非常不好。如果只是说“好有压力”，还可以当作只是小小的抱怨，但如果说“我厌倦了”，在老板听来就是“我不想干了”的意思。

有压力代表你在努力工作，为什么要用那么消极的修辞呢？你完全可以说“虽然很辛苦，但还是成功了”来代替那句“我厌倦了”。你所说的话决定了你的未来。

公司里压力最大最累的人应该是老板。员工们感觉有压力而做不了的事情，都需要老板来处理。如果老板说自己厌倦了明天就收拾东西不干了，员工们会怎么做？我不奢望你们相互安慰，相互鼓励，但最起码不能说一些丧气话吧。

压力不是一种负面情绪。压力越大，工作难度就越高，责任感也就越强，越应该更投入地工作，压力最终会消失在工作过程中。如果你做了10%的工作，压力就消失了10%，如果做了20%，压力也会消失20%。

当你完成了90%时，压力几乎消失殆尽，取而代之的是成功的喜悦与激动，最后你会有一种瞬间成长的感觉。当你明白这个道理之后，就会视压力为小菜一碟。

工作不可能没有压力，工作的整个过程都伴随着压力。《我是歌手》中参赛的歌手们个个都是韩国顶尖的歌手，但他们依然承受着巨大的压力。不管是多么熟悉的工作，只要想做得更好，就必定会有压迫感。

所以压力是由对工作的热情、所担负的责任与压迫感组合而成的综合体。请不要简单地称它为“压力”。

轻松搞定“恐惧星期一”

“下班之后全体回家，七点以后公司不许有任何人留下。”

我曾经对公司员工说过这样的话。但我叫他们回家休息，反而给了他们更大的压力。工作要出成绩，就得做事，回家也得带着资料继续干活。如果是在公司，同事们会看到自己伏案工作的背影，隐隐炫耀一下工作的认真。但回家工作谁都看不到，最终结果变成了这样：

“我还是在公司加班好了。”

因此我还曾经对员工说：

“就算工作没完成，周末也不要来公司，在家好好休息”。

周末休息？谁不喜欢？我就是要他们完全不想工作，全身心地放松。这次他们真的全在家休息了，看电视，在购物频道买东西，或者看 16 集连播的电视剧，总之休息得十分彻底。

但他们发现，这只会给自己带来更大的压力。从前他们周末还会抽空做事，现在却因为担心剩下的工作不知何时能完成，压力渐渐升级到了恐惧的地步。工作时至少不会有恐惧的感觉，随着压力一点点消失，工作的乐趣也随之增加。但在家什么都不做，却让人产生了恐惧感：

“剩下的工作什么时候完成？”

“这样下去我会不会变成笨蛋？”

“周末不看点书，脑袋里空空的。”

这样到了星期一，他们以完全放松的状态来上班，但要找到工作的感觉，至少需要两三个小时。即使星期一、星期二的工作内容相同，星期一的工作效率也远远低于后者。

员工们在经历这种情况后召开了一次以“恐惧感”为主题的讨论会。其中有个人说自己找到了克服“恐惧星期一”的办法——“从星期天晚上开始给自己施加压力”。

多么简单的回答啊，从星期天晚上开始进入工作状态，你可以将第二天需要完成的工作记录下来，挑选其中的一件提前开始做。

这样一来，恐惧感就会消失，取而代之的是一种压力与热情相融合的状态。在这种状态下进入梦乡，第二天上班就可以轻松进入工作状态，瞬间从“电视剧控”摇身变成“职业女性”。

在职场这片天地里，只有居安思危，不断自我充电，尽可能地运用自己的智慧和才情，方能脚踏实地，阔步向前！

职场人不可以让自己完全放松，而是应时刻保持适当的紧张感与压力感。人不可能365天每时每刻都保持紧张的状态，要懂得适当地调节，而且还应该学会享受压力。

“压力你尽管过来，我陪你玩。”

要有这样的觉悟才可以。

而且压力也是有重量的。根据每一次的压力重量，你可以轻松地知道自己该做多大努力：

“天啊，这次的比较厉害哦，重一公斤呢！”

你起码应该知道压力重量几何，才能跟它玩得开心。如果你把它全部看作是精神压力，那实在太辛苦了，不妨把它当做工作附赠的生活调味剂。因为一项工作结束后，压力也就消失不见了，剩下的只有成功的喜悦。我在准备讲义资料时，也承受着巨大的压力。上课前一天晚上，从来没有开开心心地看过一回电视。即使是烂熟于心的课程，由于听众不同还是会紧张。如果还没看过那家公司的主页，我就赶紧去找；看新闻时看到这家公司出了新产品也要赶快记下来。所以每当星期日晚上看到老公在看舞台搞笑剧《GAG演唱会》，笑得那么开心，我都羡慕万分：他怎么能笑得那么开心呢？不需要准备第二天上班的事情吗？

迄今为止，我都生活在压力与紧张中，但我却把压力看作是工作中不可或缺的一部分。现在每月一次的“金美敬的青鸟演讲”也给我带来了巨大的压力：这个月的演讲主题怎么定？资料怎么搜集？这么多的资料，什么时候能全部看完？

虽然有这些担心，但最终我总能把所有问题搞定。压力消失后，就会留下热情的痕迹。所以我一直称压力是“热情的痕迹”，压力就是热情。

今天你感受到压力了吗？OK！这就是竭尽全力工作的证据，你果然很优秀！

姐姐有话说

工作不可能没有压力，工作的整个过程都伴随着压力。

不管是多么熟悉的工作，只要想做得更好，就必定会有压迫感。

所以压力是由对工作的热情、所担负的责任与压迫感组合而成的综合体。请不要简单地称它为“压力”。

爱好——你的另一张名片

你是“宅一族”吗？上班下班两点一线，社交活动能免则免。

吃饭叫外卖、购物点鼠标、娱乐用电脑，聊天挂线上……

假期，你是和一群驴友徒步户外？还是去唱歌？学摄影，又或者上吉他班？

工作只是生活的一部分，生活就要丰富多彩。她们如是说。

身在职场的人都有一张工作名片，但除此之外应该还有一张看不见的名片：个人的兴趣爱好。我名片上的身份是“艺术演讲院院长”，但如果你跟我谈兴趣爱好，你还会发现一个全新的金美敬：

“原来她还有这样的一面。”

爱好是一个人展现自我的另一张名片。

我认识一位 MBC 电视台主持人，他叫金范道。几年前，在我的新书《有梦想的妻子不会变老》的发布会上，他为我做祝贺演出。他的萨克斯吹得特别好，称得上是专业水准。他吹了一首李文世的《和你永远在一起》，非常精彩。在场的人刚见到他时也许只会想起他的主持人身份，但在看过他的萨克斯演奏之后，都对他刮目相看。

金范道还经常参加一些教会的慈善活动。在面向大学生的传教会上他就演奏了萨克斯，受到大学生的广泛欢迎，这是多么令人兴奋的事。

工作是耗时耗力的，而爱好可以让人恢复活力。在工作中燃烧热情，然后通过另一件事情来补充全新的能量。我们应该学会用工作与爱好来调节生命的平衡。

别宅了，建立你的网下“人人网”吧

每个人的工作都很辛苦，但如果周末的生活依然一成不变的话，人就会变得疲惫不堪。有人一到周末就放任自己，变得懒惰消极，一整天宅在家，从早上开始就一直无精打采，连洗漱都忘记了。到了下午四五点，看到镜子里憔悴的自己变得更加郁闷。平日里努力工作，周末就应该去寻找全新的自己。

我认识一位企业的董事长，他已经50岁了，可每到周末他就会换上带铆钉的皮夹克去骑摩托车。他说一开始也觉得不好意思，所以只穿了牛仔外套，但骑摩托车经常会遇到雨雪天气，而且风实在太大了，要保护身体，必须穿皮夹克。这不是为了耍帅，而是必要装备。刚开始大家的技术差不多，到后来就要靠装备来一决胜负了。

每到周末，他都会被镜子里的自己吓到，因为实在太陌生了。但每个星期可以享受一次陌生的自己，这又是多么令人热血沸腾的事情啊。于是他对员工说，不要总面对熟悉的自己，周末可以尝试寻找陌生的自己。他极力推荐员工寻找自己的爱好，因为这样可以活得更有创意。

后来他公司的员工都各自找到了自己兴趣，有的跟着董事长骑摩托车，有的加入车友俱乐部开卡车去兜风，有的学萨萨舞，还有的报了戏剧班参加音乐剧演出。虽然彼此的爱好不尽相同，但越来越多人开始在自己的爱好中小有成就。

有爱好都有哪些好处呢？

首先，你可以结识许多陌生人。举摩托车为例，摩托车不是每个人都会去骑的，偶尔可能会遇到一些黑社会的人，但这种人从某个方面来讲很单纯也很有趣。在与他们交谈时，你会发现这个世界的另一面。

如果你的爱好是萨萨舞，男男女女 100 多号人在舞池里相拥起舞，你会遇到各式各样的人。这些人当中可能有电气修理工，可能有广告公司职员，你甚至还可能碰到玩乐队的或自由职业者。大家因为相同的爱好走到一起，成为朋友。

如果每天都跟同事待在一起，你不觉得腻烦吗？周末过完了还要再见，如果你不打算辞职的话，恐怕一辈子都要见面。人相处久了难免会觉得乏味，对彼此失去兴趣。但爱好会给你带来全新的感受，使你整个人都变得活跃起来。你还可以将爱好分为几个等级，一个一个地去征服。这次学萨萨舞，下次就去参加车友俱乐部，再下次还可以去红酒俱乐部学习红酒知识。这样，你就能接触更多不同的人。

听从心灵的呼唤，按自己的意愿去生活——特立独行的勇气，会让你的人生与众不同。

同事的生活圈子相似，可以学习分享的东西也很有限。因为你在想的东西，可能也是他在想的。但参加外面的聚会，那里全是跟你不一样的人，你会听到新奇的故事，接触到新鲜的事物。如果我退休了，我可能会尝试 SOHO。虽然我是一个工薪族，但我曾经接触过许多自由撰稿人，他们让我知道原来钱还可以这么赚。

除了学习新鲜事物和思想，他们还可能成为你的人脉。假设你在广告公司工作，从前只会做电视广告，但突然有一天要做博客营销，这时需要请一位有实力的博客写手撰写文章，预算是 5000 元。这时你就可以底气十足地对领导说：

“我在常去的萨萨舞俱乐部认识一位很厉害的写手，如果我请他帮忙的话，他可以免费帮我们做。”

多给自己争脸啊！

兴趣生活：看我 72 变

爱好的第二大优点是它可以成为你的副业。

> 我认识一位报社编辑，由于工作中可以接触到许多摄影师，他对摄影产生了兴趣，于是自己买了部相机，一有空就外出摄影。几年后，他的摄影水平已经不逊色于任何专业摄影师了。从此，他的私活开始变得多了起来。他偶尔也抽空给杂志或出版社寄自己的文章和照片，但设计方面还有所欠缺，于是他又开始学设计。
>
> 搞摄影的人有自己独特的审美观，这让他在设计方面进步迅速。现在他干脆独立出来自己接活做事。写文章、拍照再加上设计，做一件事情就赚了三份钱。

爱好一旦与工作相结合，就会产生“暴风效应”，个人能力成倍增长。如果能拥有一个与自己的职业相关的爱好，是非常幸运的一件事情。

而且在退休后，爱好很可能会成为你的第二份工作。我还有一位朋友是司法代书，辛勤工作了30年，前不久退休了。一般男人退休后会迅速衰老，或陷入忧郁中，但他却过得十分精彩。后来我才知道，原来他在退休前五年开始学习木工手艺。他本就是个手巧的人，这方面很有天分。天分加上热情，他的手艺几乎可以与那些有几十年经验的老木匠相比。

退休后他开了一间小作坊，制作结婚彩礼专用的木盒，木盒做得精巧，订单源源不断。一年后，产品供不应求，于是他又找了几个帮手开起了公司。他终于把自己的爱好彻底转换成了职业。

有爱好的好处只有这些吗？

当然不是。努力经营自己爱好的人，还能学到如何享受人生。公司聚餐去练歌房玩，你就可以跳着萨萨舞跟同事互动，老板也会对你刮目相看：原来你还挺有才的。在老板心中，你立刻就从“只有工作还不错”升级到了“还很多才多艺呢”。

如果你周末喜欢骑摩托车，你的同事就会用羡慕的眼神看着你：“我们睡觉都还来不及呢，你真厉害。”在他们看来，你又成了一个有品位有追求的人。

人只有不断接触新鲜事物，才能获得新的资产。开发新的爱好也是一样的道理。每周有一天你可以与另一个自己相见，在学习新事物的同时收获快乐，还可以与完全不同世界的人建立人际关系，甚至把爱好发展成为自己的副业，这完全就是一石三鸟嘛。

爱好是藏在人们内心深处的未知大陆，是人们发现自己的机会土壤。如果让这些机会白白溜走多可惜啊。所以请你每周一定要去未知大陆探险一次，现在就出发吧！

姐姐有话说

有爱好都有哪些好处呢？

首先，你可以结识许多陌生人。

如果你的爱好是萨萨舞，男男女女100多号人在舞池里相拥起舞，你会遇到各式各样的人。这些人当中可能有电气修理工，可能有广告公司职员，你甚至还可能碰到玩乐队的或自由职业者。大家因为相同的爱好走到一起，成为朋友。

爱好的第二大优点是它可以成为你的副业。

爱好一旦与工作相结合，就会产生“暴风效应”，个人能力成倍增长。如果能拥有一个与自己的职业相关的爱好，是非常幸运的一件事情。

努力经营自己爱好的人，还能学到如何享受人生。

没有好的身体，“神马”都是浮云

容易累、眼睛疲劳、眩晕、颈肩僵硬、睡眠不良、心悸气短……

如果你经常出现这些状况，你可能已经“过劳”了。

于娟生前曾发出感叹：“买车买房买不来健康”“活着就是王道”。

健康是1，事业、财富、婚姻、名利等等都是后面的0。

30 岁职场女性有一句话经常挂在嘴边：

“身体大不如从前啦。”

以前不管多累，补上一觉就没事了，熬夜也没关系，但现在不行了。就算周末在家好好休息，星期一上班仍然非常疲惫。很多职场女性刚过 30 岁就患上了椎间盘突出等各种疾病，甚至还有人因为身体原因而不得不暂时离职或干脆辞职。

从 20 岁开始打拼，事业好不容易上了正轨，身体却无法跟上工作的脚步了，这是最令人惋惜的。女人的体力本来就不及男人，她们无法像男人一样进行马拉松式的工作，并取得很好的成果，一个根本原因就是体力。

当然也有女人凭自己的意志力硬撑下来了。但意志力最多只能撑一到两年。如果你不从根本上增强自己的体力，只靠意志力维持的话，你将会一次性支付透支体力的代价。

我就有这样一个朋友，她是一家杂志社的老板，很年轻时就开始拼命工作。她身体本来就很虚弱，但她一直靠意志力撑着。当然，期间身体给她发出过信号：突然头昏、流鼻血、有窒息感等，但这些都被她无视了。她无限的热情换来了巨大的成功：她成了人人羡慕的 CEO。但这又有什么用呢，她付出了生命的代价。

如今她被查患有癌症，正过着等死的日子。前不久我去探望她时，她已经枯瘦如柴了。她对我说：

“美敬啊，你一定要重视身体发出的信号。为什么当时我那么无知呢，如果那时足够重视的话，现在也不会落到这个地步，真是后悔莫及啊。”

别等身体亮红灯

有一点是我们必须明白的：身体不是实现个人欲望的手段。它不是你成功的手段，也不是恋爱的手段。身体是你本身，是你存在的根本。

但大部分现代人都不把身体当回事。既不爱护它，也不照顾它，胡乱透支体力。人们总以为自己的想法、意识与精神就是自己存在的全部，身体不过是副皮囊而已。

然而一个人的存在必须是精神与身体共存。如果没有了身体，你的精神也就失去了载体。身体是存在的基础；就像人们时常追求精神的安宁与平和一样，其实身体也需要这些。可人在出现问题之前，总是过分随意地生活。运动？太麻烦了。吃饭？太忙了，吃个汉堡算了。酒？想喝多少就喝多少。

如果你的身体已经无法忍受折磨，它就会向你发出信号：“我现在很不舒服，你能不能工作不那么拼命？”某天突然感到一阵头疼，或者肚子绞痛不止，这都是身体发出的求救信号。此时如果你能立刻引起注意，积极地管理身体，还为时不晚。但可怕的是许多人都无视这样的信号。

等到身体开始沉默不语，像人陷入昏睡状态一般失去了意识，再后悔就已经来不及了。

还有一点，很多女人说自己的身体大不如从前，并为此感到烦躁和伤心。但你想一想，这不是一件理所当然的事情吗？人过了30岁，身体就开始逐渐老化，而你却没有做过任何努力延缓它的老化。你对身体健康的投资，远不及对脸蛋投资的1/4。你会给身体用昂贵的化妆品吗？你会往身上打肉毒杆菌吗？

30岁的女人如果想拥有20岁的体力需要做什么呢？你需要足够多的努力来弥补老化的部分。年纪越大，运动时间就应该越长，并配合多做一些身体喜欢的事情。只有这样你才能维持现状。

但很多人还在使用“低级管理方式”，并奢望达到很好的效果。所谓的“低级管理方式”，就是周末补觉，大睡特睡。这是40岁人群最喜欢的方式之一，赖在沙发上一边看电视一边睡觉。这样待一整天，到了晚上只会更加疲劳。而且因为长时间躺着看电视还可能会头疼眼花。这哪里是在保养身体，根本就是在虐待身体。

对于一个人而言，如果没有健康这个1，其他条件再多也只是0。

随着年龄的增长，低级管理远远不够了。年轻时睡一觉就能解决的问题，现在行不通了，必须要进入“中级管理”阶段了：吃维生素、补药、狗汤、红参萃取液等。吃这些补品之后确实可以迅速恢复体力，但药效不能持续很久，药效过后你依然是一副病怏怏的样子。而且补药这种东西，一般是越贵效果越好，但你总不能每个月都喝价值一两千元的红参萃取液吧。所以开始思考“高级管理”吧。

什么是“高级管理”？运动。每天抽空在跑步机上跑跑步，或者游泳，周末去登山，不行就在房间里铺一块垫子做瑜伽。运动过的人都知道，每天步行30分钟，效果比喝一个月的补药还好。通过运动锻炼肌肉，人的体力也会得到提升，相对就不容易感觉到疲劳，即使有也可以很快恢复。

而且运动花费小，做瑜伽要花钱吗？在小区里走一圈要花钱吗？登山的时候带上两根黄瓜，一条紫菜包饭就足够了。不要总想着花钱补身体，你完全可以通过运动来加强。

听到我这么说，我们公司的员工可能会说：

“没有时间运动。”

“每天都要加班，怎么运动啊？”

我会告诉他们，跟我比谁更忙？早上六点没有人会打扰你，你们可以像我一样起来运动。他们又会说：

“这个时间是一定要睡觉的。”

那你们到底想怎么样？难道在上班时间让你们运动？为什么要用这些莫名其妙的理由搪塞我呢？我告诉你，用“低级的管理方法”无法解决问题，30岁已经不是“光靠睡觉就可以解除疲劳”的年纪了。

清晨运动一定要残酷一些才可以，如果想把运动变成习惯，就必须对自己残酷一点。这个世界没有免费的午餐，你只有付出了足够多的努力，才能换得你想要的体力。想光靠睡觉增强体力，这完全是像小偷一样的不劳而获的心态。

给自己的健康充电

如果你想拥有一副健康的身体，幸福地工作一辈子，就要从30岁开始进行身体管理，等到40岁再开始就晚了。就好比手机还剩一格电时就要充电，电池很快就会充满；但如果电量全部用完了再充，就要花费很长的时间。尤其是30岁的女人，更需要加强对自己身体的管理。你们只有付出比男人多三四倍的努力，才有机会打败他们得到晋升机会。身体也是一样的道理。

从现在起把体力看作是一种战略手段。首先，了解自己的体力状况；其次，思考你应该怎么做才能赢过男职员。从细节上着手，并坚持不懈地努力。

> 我们公司有一位员工，天生身体柔弱。上小学六年级时，她的体重还不到30公斤。实在是太瘦了，所以大病小病不断，因此她的老师逼她去学游泳。从小一直游到现在，坚持了将近20年。
>
> 虽然她现在依然骨瘦如柴，让人不由地担心她随时可能会晕倒，但她非常坚强。虽然这里面确实有一部分意志力的原因，但最终还是要归功于体力。因为她从小身体不好，对身体的投资已经成为一种习惯。如果工作太忙没时间去游泳，晚上也一定会去一家附近的健身房锻炼。因为她很清楚，如果自己不勤加锻炼，体力就会立刻吃紧。

像她这样身体不好的人，因为吃过苦头，所以知道健康的珍贵。问题是那些健康的人，他们对自己的身体太过于自信，过了35岁稍微不注意就会一病不起。我很幸运地遗传了母亲健康的身体，以及超强的生活能力。

虽然我从小身体健康，但依然经常抽空锻炼。早上5点起床做伸展运动，或在跑步机上跑一跑。周末时我喜欢玩滑水等极限运动。周末运动更有助于消除疲劳，一天讲三堂课根本不在话下。我们公司也有20岁的女生，但我敢说自己的体力一定不比她们差。因为锻炼身体已经成了我的习惯。

所以请你在身体失去意识前，多倾听它的声音。虽然老化是人的宿命，但体力不是必然会下降的。如果你肯努力，就可以在较长一段时期内保持20岁的体力。不要再把没时间当借口，立刻从沙发上起来。像姐姐一样穿上运动服，跟我去跑步吧！马上！

姐姐有话说

早上六点没有人会打扰你，你们可以像我一样起来运动。他们又会说：

“这个时间是一定要睡觉的。”

那你们到底想怎么样？难道在上班时间让你们运动？为什么要用这些莫名其妙的理由搪塞我呢？我告诉你，用“低级的管理方法”无法解决问题，30 岁已经不是“光靠睡觉就可以解除疲劳”的年纪了。

短信查询正版图书及中奖办法

A．电话查询

1．揭开防伪标签获取密码，用手机或座机拨打 4006608315；

2．听到语音提示后，输入标识物上的 20 位密码；

3．语言提示：您所购买的产品是中资海派商务管理（深圳）有限公司出品的正版图书。

B．手机短信查询方法（移动收费 0.2 元 / 次，联通收费 0.3 元 / 次）

1．揭开防伪标签，露出标签下 20 位密码，输入标识物上的 20 位密码，确认发送；

2．发送至 958879(8)08，得到版权信息。

C．互联网查询方法

1．揭开防伪标签，露出标签下 20 位密码；

2．登录 www.Nb315.com；

3．进入“查询服务”“防伪标查询”；

4．输入 20 位密码，得到版权信息。

中奖者请将 20 位密码以及中奖人姓名、身份证号码、电话、收件人地址和邮编 E-mail 至 szmiss@126.com，或传真至 0755-25970309。

一等奖：168.00 元人民币(现金)；

二等奖：图书一册；

三等奖：本公司图书 6 折优惠邮购资格。

再次谢谢您惠顾本公司产品。本活动解释权归本公司所有。

读者服务信箱

感谢的话

谢谢您购买本书！顺便提醒您如何使用 ihappy 书系：

- 全书先看一遍，对全书的内容留下概念 。
- 再看第二遍，用寻宝的方式，选择您关心的章节仔细地阅读，将“法宝”谨记于心。
- 将书中的方法与您现有的工作、生活作比较，再融合您的经验，理出您最适用的方法。
- 新方法的导入使用要有决心，事前做好计划及准备。
- 经常查阅本书，并与您的生活、工作相结合，自然有机会成为一个“成功者”。

优惠订购							
	订阅人		部门		单位名称		
	地址						
	电话				传真		
	电子邮箱		公司网址		邮编		
	订购书目						
	付款方式	邮局汇款	中资海派商务管理（深圳）有限公司 中国深圳银湖路中国脑库 A 栋四楼　　邮编：518029				
		银行电汇或转账	户　名：中资海派商务管理（深圳）有限公司 开户行：招行深圳科苑支行 账　号：81 5781 4257 1000 1 交行太平洋卡户名：桂林　　卡号：6014 2836 3110 4770 8				
	附注	1. 请将订阅单连同汇款单影印件传真或邮寄，以凭办理。 2. 订阅单请用正楷填写清楚，以便以最快方式送达。 3. 咨询热线：0755-25970306转158、168　　传　真：0755-25970309 E-mail: szmiss@126.com					

→利用本订购单订购一律享受 9 折特价优惠。

→团购 30 本以上 8．5折优惠。